全球最美的100世外桃源

《環球國家地理》編輯委員會　編著

前言

曾幾何時，古老年代的人們曾在心中吶喊著「逝將去女，適彼樂土」。那片樂土，就是他們心中的夢想之地，就像厭倦了諸侯紛爭的老子的理想境界——一片小小的土地，少少的居民，雞犬之聲相聞，老死不相往來……而從古至今，人們所有夢想之地幾乎都是驚人相似的：環境清幽，無過多塵世之煩擾，生活在這裡的人們淳樸、快樂、安然。終於到了東晉，一個叫做陶淵明的人，似乎切實地帶人們走進了那個夢想之地……那個叫做世外桃源的地方。

是的，我們一直都在追尋著世外桃源的夢想，希望像詹姆斯・希爾頓在紛飛的戰火之中尋找香格里拉一樣，尋找自己的夢中家園。而在今天，在紛紛攘攘、喧囂塵上的都市裡，在翻雲覆雨、變幻無常的人情遭遇前，在兩點一線、報表快餐交織成的生活中，人們的心中更加期盼這樣一個夢想，希望能夠逃離開這一切。而逃向何處呢？我們是否也能找到夢想中的桃花源？

答案是，能。

翻開這本《全球最美的100世外桃源》，你會發現有一些角落，至今仍藏在遠離都市的山野之中，或者大海深處的孤島之上，那裡，山依然青，水依然綠，花依然芬芳，風依然會歌唱，人依然快樂。那些角落，抗拒著所謂進步的誘惑，同時也拒絕了世俗的紛擾。在這些角落中，伴隨著娓娓的行文，華美的圖片，我們盡可以放鬆心靈、去尋找自我與夢想，重拾起孩提時的快樂。因為這些地方，便是我們這個時代最後保留的夢想之地，是我們僅有的世外桃源。

C O N T E N T S

目錄

全·球·最·美·的
100世外桃源

● Rebirth with A Virgin Soul

Chapter 01
處子的玉骨冰肌／8

探索未名的仙境·

冰島／10
——冰封的寂寥

挪威海岸／12
——通往北方的清冽

斯德哥爾摩群島／14
——以海風為伴

貝加爾湖／16
——西伯利亞的明眸

科摩湖／18
——愛人心底的一滴眼淚

蘇格蘭高地／20
——風笛的傳說

博登湖／23
——極樂的盡頭

夏慕尼／24
——勃朗峰垂青的天堂

鐵力士雪山／26
——到雪地去撒歡

雷斯岬國家海岸／28
——咫尺天涯

佛羅里達濕地／30
——流進心田的草原河

雷尼爾山／32
——西雅圖不眠山

黃石國家公園／34
——修復心靈的蠻荒天堂

優勝美地國家公園／37
——深沉的執著

班夫國家公園／40
——鏡頭中的桃花源

瓦特頓湖區／42
——洛磯山脈的皇冠

巴里洛切／44
——南美小瑞士

● *Only in Endymion's Dreams*

Chapter 02 恩底彌翁的永睡·

月神撫摸牧羊人／46

日內瓦湖／48
——愛情的同義詞

安錫／50
——阿爾卑斯山的陽台

英格蘭湖區／52
——華茲華斯的情人

茵斯布魯克／56
——茜茜公主的皇家小鎮

新天鵝堡／58
——白雪公主的城堡

格拉斯／60
——聞香識小鎮

阿瑪菲海岸／62
——花坡春水路滿香

卡布里島／64
——塞壬的誘惑

聖托里尼島／66
——芳心遙許

佛蒙特森林／69
——虔誠的柔板

夏威夷／72
——美麗和浪漫的代名詞

太浩湖／75
——翡翠灣裡撈翡翠

育空地區／78
——五彩奧羅拉

洛朗第／81
——逍遙游

千島湖／82
——鏡子中的傷心愛情島

皇后鎮／83
——追尋夢中的樂土

蒂阿瑙／86
——新西蘭最美的湖

大溪地／87
——上帝的天堂小鎮

北海道／90
——東方普羅旺斯

馬爾地夫／93
——戀上百分百的藍

雪嶽山／96
——蜜月之旅

西迪布薩德／97
——藍色海洋心

● *Another Day in Paradise*

Chapter 03 悠然自得賦閒情·

閑看庭前花開花落／100

列支敦士登／102
——世外桃源的標本

盧森堡／104
——歐洲最美的露台

摩納哥／106
——帶著憂傷去逃亡

聖馬利諾／108
——月桂部落

安道爾／110
——袖珍王國

大平原／112
——寧靜的廣袤

維京群島／114
——金銀島的傳說
沖繩島／116
——追尋長壽的奧秘
不丹／118
——最難抵達的人間淨土
罕薩／120
——巴基斯坦的香格里拉
香格里拉／122
——伊甸園的藍圖
巴里島／124
——神的住地
莫普提／126
——在撒旦的陽光下

Just Follow Your Nature

Chapter 04 人，詩意地棲居／128

傾聽回歸的召喚

拉普蘭／130
——聖誕老人的故鄉
羊角村／132
——心靈的積澱
桑斯安斯／134
——悠悠風車轉牧歌
沃倫丹／136
——乍古還雅
布魯日／138
——沉睡中世紀
巴登巴登／140
——與夢境相接的角落
海德堡／143
——把心遺失
萊茵河／146
——穿越時空的旋律
貝希特斯加登／150
——高貴的單純和靜穆的偉大
科赫姆／154
——醉酒的探戈
布萊薩赫／157
——酒神之鄉
薩爾茲堡／158
——一曲華爾茲
克魯姆洛夫／160
——在伏爾塔瓦河畔酣睡
卡羅維瓦利溫泉鎮／162
——有故事的溫泉小鎮
勾禾德／164
——薰衣草的天空
艾克斯／166
——沿著塞尚的腳步
依雲小鎮／168
——水玲瓏
盧塞恩／170
——柔情似水
茵特拉根／172
——與少女峰的美麗邂逅
巴斯／174
——慵倦的泉城
托斯卡尼／176
——6月罌粟花
克里特島／179
——真實的神話

五漁村／182
——恍若隔世

蒙特卡蒂尼／184
——凝固的悠長

蒂羅爾／186
——未知的寂靜

巴斯克／188
——大師勾勒出的仙境

蘇茲達爾／190
——白色幻境

利文沃斯／192
——美國版格林童話

佩姬灣／193
——讓時間靜止

• *In the Name of Happiness*

Chapter 05 放縱心靈的誘惑·

風雅只為享樂／196

尼斯／198
——海的味道

黎凡特島／201
——裸居天堂

加那利群島／202
——幸福七胞胎

棕櫚泉／204
——沙漠邊的綠洲

阿卡普爾科／206
——夢中的天之涯

鹽泉島／207
——藝術之島

巴巴多斯／208
——長鬍子的小島

瓜德羅普島／209
——風情加勒比

阿爾加羅沃湖／210
——超級人工湖

大堡礁／211
——地球最美的裝飾品

羅托魯瓦／212
——天堂之門

普吉島／214
——泰南珍珠

披披島／215
——安達曼海的夢幻之島

邦喀島／216
——帶著鄉音去漂流

聖淘沙／218
——寄情陽光海岸

塞班島／219
——「潛」力無窮的魅力

太陽城／220
——失落的城市

桑吉巴島／221
——世界上最香的島

塞席爾群島／222
——理想逃亡地

處子的玉骨冰肌
——探索未名的仙境
Chapter 01

冰島

冰◆封◆的◆寂◆寥

愛爾蘭的僧侶曾經將這裡作為他們修行的地方，他們在這裡拋棄了世俗雜念；這裡空寂少人，是克制盲動與浮躁的好地方。它就是冰島。

ICELAND

地理位置

北歐

名片

溫泉
純淨自來水

冰島，這個名字本身就是屬於童話的。聽到這個名字，就會想到安徒生《冰雪皇后》中的領土，會想到《納尼亞傳奇》中冰封的仙境，會想到《地心遊記》中的起點。當然，童話中的冰雪世界雖然美麗，卻也充滿了邪惡的詛咒，而現實中的冰島是完美的，它是當之無愧的人間仙境。

冰島，位於大西洋的北端，貼近北極圈，因此雖然受到暖流影響，但寒冷依然是絕對的。而寒冷，只是冰島這個童話世界的表面，寒冷下流淌的火熱才是它的本質。冰島的國境內有100多座火山，其中20多座是活火山。岩漿在冰島寒冷的地表下沸騰，造就了地面上一處處的溫泉，散發著內在的熱情。蓋錫爾間歇噴泉一次又一次地釋放著土地深處的激情，而黃金瀑布（Gullfoss）則用「一邊是凍結成冰的冰牆，另一邊是生機勃發的流水」的神奇景象告訴你熱情的不息不絕。傳說，愛爾蘭的僧侶曾經將冰島作為他們修行的地方，他們在冰的世界中拋棄塵世的雜念，在火的孕育中找到神賜予的愛。

冰島確實是一片神賜的土地。這個只有30多萬人口的小國家，擁有世界上最千變萬化的地貌和自然景觀，被評為全世界最適宜人類居住的地方。這片土地上的人們，珍視熱愛著他們的家園。20世紀30年代，黃金瀑布巨大的水流吸引了政府的注意，他們準備在此建造一個水電站。但是住在附近的一位婦女堅持認為這樣做會破壞自然景觀，毅然與政府打起官司，最終，她勝利了，為我們保留了自然，保留了蔚為壯觀的瀑布。

水電站當然是文明的必需，就算躲進世外桃源，我們也無法拒絕時代的進步，只是我們需要想辦法讓新生的一切不破壞我們美麗的家園。冰島的藍湖（Blue Lagoon）就做到了這一點。藍湖旁邊的發電廠始終散發著大量的蒸汽，藍盈盈的湖面在始終瀰漫著的霧氣中，更顯得如同童話中的仙境一般美麗。

冰島這個仙境唯一缺失的東西是樹木。由於地表主要是火山岩，樹木在這裡無法生長，但是青苔，卻可以在這裡慢慢蔓延，不斷生長，經歷幾千年依然旺盛。其實，冰島與這永恆的青苔，實際上就是一個現代的寓言。它是我們的精神，表面上冷漠，但內心深處，總埋藏著熱情，也許有時候你會忘掉那份熱情，但它始終在那裡，如同青苔一樣生長在你的心底。

冰島首都雷克雅未克天空蔚藍，市容整潔，幾乎沒有汙染，故有「無煙城市」之稱。遠處的建築是哈爾格林姆斯教堂，它是雷克雅未克的地標，像一架管風琴。

挪威海岸

通◆往◆北◆方◆的◆清◆冽

村落傍水而築，出門就是海水，但它並不激發你的煩躁；這裡一切都是寧靜的，彷彿大自然的天籟之音都融入了永恆的清冽之中。

NORWAY'S COAST

地理位置

北歐

名片

最美的遊船之旅

在《銀河系漫遊指南》一書中，有一個叫做曼格拉斯的神秘星球，曼格拉斯人都是能工巧匠，銀河系中的許多星球都是出自他們之手，地球也不例外。而一位名為司拉提巴特法斯特的設計師，因為設計了挪威海岸而榮獲了大獎。挪威海岸延綿曲折，峽灣密布，複雜無比，確實應該獲大獎，當然，這個獎並不屬於司拉提巴特法斯特，曼格拉斯是英國人道格拉斯・亞當斯一個神來的想像，真正創造挪威海岸的是自然，是億萬年前的冰川運動。

要飽覽挪威海岸的景色，最好的辦法莫過於坐船航行，而想要體會最美的遊船之旅，莫過於選擇挪威海岸。挪威海岸，絕對是最美的遊船之旅。

峽灣內水深一般都在幾百米，最深達到1200米，蔚藍的海水透著清冽的寒氣，倒映著巍然矗立的冰山，兩岸是陡立的山崖，山峰動輒幾千米高，用萬丈絕壁緊緊夾住峽灣。峽灣中，瀑布時時懸掛於峭壁之上。可以說千米之內，必有瀑布。常常是一眼望去，三四條瀑布同時跌落，細者如銀絲，粗者似白綾。有一組名為「七姐妹」的瀑布，七條瀑布在約

松恩峽灣是挪威海岸中最美的一段，人們在這裡安居樂業，過著與世無爭的寧靜日子。

200米之內並排掛在懸崖上，令人歎為觀止。峽灣線路曲折，航行其中，常常會有「山重水複疑無路，柳岸花明又一村」的感覺。有些峽灣極窄，不過1000米左右的寬度，船行其中，仰頭望天，只能看到一線蔚藍的天空，讓人忽生天地無極的震撼，彷彿古今的時空在這狹窄的峽灣中交融在一起。因此，偶爾不免又心生聯想，擔心峽灣下一個轉角處會駛出維京海盜的雙桅帆船。

與南部的峽灣相比，進入北極圈內的北部峽灣要寬闊得多。秋冬季的極光，還有夏季的午夜太陽也將北部的峽灣映襯得壯麗非凡。日不落的陽光，或是絢爛的極光，為峽灣的山水增添了一抹靈動的色彩，一些跳蕩的激情。

這些地方常常出現三五家、七八戶的微型村落，如同白雲深處的人家一樣，注視著億萬年才形成的峽灣，感悟著人世的滄海桑田。

斯德哥爾摩群島

以◆海◆風◆為◆伴

在斯德哥爾摩群島，波浪像搖籃，海風是催眠曲，枕著潮汐安然入夢，夢中也許會看到騎著一隻鵝的尼爾斯，邀你加入他的旅程。

STOCKHOLM ARCHIPELAGO

地理位置

北歐

名片

伴著波羅的海的風入睡

斯德哥爾摩的意思原是木頭島，有人說，曾經有一個部族因為總是遭到海盜搶劫，決定遷居他方。他們將一根圓木拋入水中，任它漂流，圓木停在哪裡，哪裡就會成為他們新的家園。這個憂傷的部落跟著圓木漂蕩了很久，終於停靠在了一個小島上，於是他們便將那個小島命名為斯德哥爾摩，在那裡安居下來。當年，必然是歷經艱苦卓絕的開拓，才會有今天波羅的海邊這座璀璨的白玉京。

今日的斯德哥爾摩已非最初那個孤獨憂傷的小島。附近24000多個島連成一片，如同一把晶瑩的珍珠，散落在美麗的梅拉倫湖和浩蕩的波羅的海湖海交匯處，玉帶似的橋樑將這些島嶼連在一起，組成了今日的斯德哥爾摩。

搭輪渡穿梭於斯德哥爾摩群島間，伴著波羅的海的風遠航，與悠閒的海鷗一起，欣賞海天之間游弋的朵朵薄雲，岸邊夏季最後一朵玫瑰吐露生命的芳華，紅磚碧瓦的老城在雨水的沐浴中洗盡鉛華，身著傳統服飾的瑞典人繼續著他們陶瓷製作、吹玻璃、歌舞等傳統的生活。時光在靜靜地流失，時光也在慢慢地回溯，水上千帆過盡，離船登陸，你走進的就是中世紀；凹凸的彈格路，起伏的上下坡，寬寬窄窄的小巷，走過繁華的商業街，在穿過城市河流的古橋上駐足，昔日的質樸，令人迷失在時空交會的一剎那。

在穿過城市的河流的古橋上駐足，昔日的質樸，令人迷失在時空交匯的一剎那。

走過這裡，你會看到屬於今天的繁華。斯賽格爾廣場噴水池中央80000多塊玻璃組成的光柱，在陽光和燈光交織中放出奇異的色彩，周圍車水馬龍，霓虹閃爍，海面上私家遊艇穿梭自如，像不安的手，試圖捕捉傍晚最後的紛擾。而地下，斯德哥爾摩的地鐵同樣會帶領你在群島中穿行，軌道穿過深深的海灣，混凝土噴塗處理的岩壁上裝飾著各種壁畫和雕刻作品，像一個地下藝術通道。

看過了一切，我們最終才會明白，為什麼諾貝爾會誕生在這裡，因為只有如此偉大的地方才能孕育出如此偉大的人，這樣一個兼懷古今的城市，才能孕育出一顆胸懷世界的心。舉行頒獎宴會的藍廳屋頂上畫下的日月星辰見證了這個世界的磊落與進步，見證了科學與和平之光從這座和平之城開始，照耀到地球的每一個角落。

寂靜的安詳，這裡沒有風暴，它的閒適舒暢是永恆的。

貝加爾湖

西◆伯◆利◆亞◆的◆明◆眸

或許，我們在塵世中總有無法克服的無奈；但貝加爾的湖水將抹去我們心裡的溝壑和阡陌，讓它像平原那樣遼闊，像湖水那樣澄澈。

LAKE BAIKAL

地理位置

俄羅斯

名片

純淨的淡水

清冷的潔淨

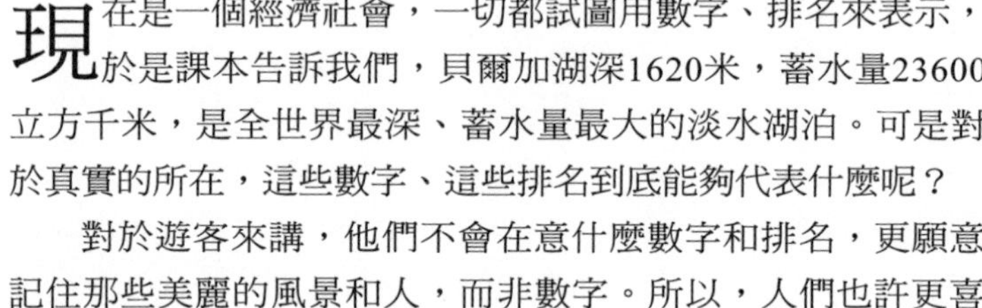

現在是一個經濟社會，一切都試圖用數字、排名來表示，於是課本告訴我們，貝爾加湖深1620米，蓄水量23600立方千米，是全世界最深、蓄水量最大的淡水湖泊。可是對於真實的所在，這些數字、這些排名到底能夠代表什麼呢？

對於遊客來講，他們不會在意什麼數字和排名，更願意記住那些美麗的風景和人，而非數字。所以，人們也許更喜歡因為貝加爾湖狹長彎曲的形狀，將它叫做月亮湖。人們會欣賞像皇冠上珍貴的鑽石一樣絢麗奪目的奇維爾奎灣，像馬掌一樣釘在深灰色岩群之間的佩先納亞港灣。人們會記住夏季時，貝加爾湖畔山花爛漫，石頭閃閃發光與山花競艷，薩彥嶺落滿白雪的遠峰在艷陽下光彩奪目；會記住冬季時，湖水表面在淒厲呼號的寒風中凝結成晶瑩透明的冰，魚兒在冰層下面自由地游動，紛飛的雪花無聲地飄落在靜止的水面上；會記住春季時，破冰發出的巨大轟鳴和爆裂聲，似乎貝加爾湖在傾吐著冬天積聚的鬱悶和壓抑。人們會驚嘆像空氣一樣清澈的湖水、水中身子透明的鰭魚和色彩美麗的海豹，會驚嘆擋在湖水出口處那顆傳說中無法阻擋愛情的聖石，以及岸邊那頑強與堅決地生長著的高蹺樹。

對於岸邊的居民來說，那些數字和排名更加不重要，他們世代生長在這片神奇的土地上，薩甘扎巴

貝加爾湖邊的民居大多是木質結構，溫馨又舒適，遠離喧囂城市中的鋼筋和水泥。

懸崖壁上的壁畫和路邊的祭台，奧利洪島上依然流傳著的薩滿儀式和法術，都在講述著遠古居民的傳奇。雖然中國古代的文獻中將貝加爾湖稱做北海，認為是極遠的苦寒之地，懷想起北海牧羊的蘇武總是不禁唏噓。但是對於湖畔的居民來說，貝加爾湖是無盡的寶藏。在布里亞特人的語言中，貝加爾湖是「天然之海」，在突厥人的語言中，貝加爾湖則意味著「富饒的湖泊」，蒙古族將它稱做「聖海」，俄羅斯人認為它是西伯利亞的明眸，是一隻深邃不見底的眼睛。湖畔的居民永遠敬畏著貝加爾湖這片神秘的湖水，時至今日，每當他們喝酒時，都會滴幾滴到湖水中，獻給水中的神靈，祈求它的賜福與保佑。他們就是在貝加爾湖的孕育與庇佑下，從天然中漸漸興起，走向富饒，走向永恆。

湖域沒有公路，現代工業文明在這裡了無痕跡，這讓貝加爾湖的生態環境異常完美。

科摩湖

愛‧人‧心‧底‧的‧一‧滴‧眼‧淚

如果你僅僅是愛上了愛情本身，卻又苦於平庸的世俗與之糾纏不清，那麼，就來科摩湖吧，它讓你直面愛情的靈魂。

在《星球大戰II》中，天行者安納金和艾米達拉在一個仙境一樣的地方萌生愛意，那個地方如此美麗，觀眾都以為那是高科技電腦特效合成的圖像，但實際上，這一片仙境真實地存在於人間，它就是坐落在義大利米蘭附近的科摩湖。

科摩湖的湖水是阿爾卑斯山上消融的雪水，沒有一絲的雜質，沒有塵世的煩擾，科摩湖水永遠透明冰涼，似玻璃、似水晶。太美的景致常常會刺痛我們的心，科摩湖總是讓人聯想到愛人心底的那一滴眼淚。

如果說湖水給科摩湖以空靈的神韻，那麼，湖畔人家則為湖水增添了恰到好處的人間溫暖。在蒼翠山坡和寶藍色湖

夕陽把一切都染成金輝，湖水呈現鈷藍色，深不可測。

水之間的花崗石岸邊，一個個小鎮依山傍水而建。一座座紅牆的房屋沿山坡展現它們古樸的美麗，尖尖的屋頂，讓人看到了中世紀的遺風。沿湖岸往山坡上望去，條條石板小路向上次第延伸，各種特色小店林立路旁，居民悠閒地徜徉其中，採購著每日的生活用品。即使那些向觀光客銷售旅遊紀念品的小攤，在如此透明的湖水的滌蕩下，也能洗去市儈與粗陋，而讓人覺得親切和藹。

早晨，教堂的鐘聲將小鎮從安睡中喚醒，清新的風慢慢吹散湖面的薄霧，預告著新的一天的開始。午後，那些石砌房子的陽台上，閒適的人們會手執一杯清茶，享受溫暖的陽光與無邊的景色。夜晚，星光照耀小鎮窄窄的街道，沿著蜿蜒的湖岸，酒吧中走出來的遊客唱出陣陣快樂的歌聲。微風輕拂，湖水拍岸，最簡單最快樂的生活也許不過如此。

是湖水把青山映照，還是青山把湖水映藍，我們不得而知。或許，它們相得益彰，才讓這裡成為一塊碧綠的翡翠。

科摩湖就是這樣一方安靜的山水，從遙遠的羅馬帝國時代，王公貴族和名流藝術家們爭先將這裡當做度假的最好去處。岸邊至今聳立著風格各異的別墅，出自不同的年代、不同的設計名家，閃現了幾代顯赫光輝，經歷了多年的風雨滄桑，在青山綠水之間，一派閱盡人間繁華之後的高貴沉寂。

今天許多名人也落戶科摩湖畔，儘管許多別墅都瀰漫著豪華的氣息，但科摩湖水依然清冷透明、平靜內斂，依然保持著它安詳寧靜的美。即使湖面停滿白色的豪華遊艇，湖水拍打堤岸的聲音依然是溫柔而優雅的，沒有絲毫的浮華氣息。而這永恆的淡定與安然，超越了塵世所有的美。

LAKE COMO

地理位置

義大利

名片

空靈的山水

蘇格蘭高地 *Scottish Highlands*

風◆笛◆的◆傳◆說

總有人說，蘇格蘭高地是冰河世紀的最後一個據點。冰河世紀是否如同福克斯的動畫片中講述的那樣可愛，或者是否如同這個名字本身一樣充滿了童話的色彩，我們無從考證，但是這「最後」一詞，卻總是讓人浮想聯翩，讓人彷彿看到一種來自遠古的生命魅力，一種遺世獨立的孤獨，一種地老天荒的堅持。

一望無際的高地，並沒有覆蓋著茂密的森林，由於高地的寒冷與潮濕，這裡生長的是低矮的綠草和苔蘚，夏季原野中會長滿紫色的石南花叢。雖然也可以說是野花滿山，但是不同於其他地方的絢爛浪漫，低矮的植物使高地顯得空曠而蒼涼，草叢中裸露的岩石時時提醒著你這片土地的貧瘠，這是一片永久的蠻荒之地，但是這些植物不屈不撓的生長卻又昭示著無窮的生命力，那紫色的石南花叢是一種不甘絕望的怒放。無論寒風還是冷雨，無論外侵還是內貧，倔強的石南花總會開放，一千次的毀滅，會有一千零一次的生長，最原始的生命的慾望不斷地書寫在蠻荒的土地上。

也許，正是這樣蠻荒的地方才會始終流傳著各種各樣的傳奇。尼斯湖的深處潛伏著見首不見尾的神秘水怪，斯凱島的霧氣中浮現著妖精迷惑人心的歌聲，赫布里底群島中處處存在著行走的石與歌唱的沙，格拉斯哥的古堡中遊蕩著無所歸依的鬼魂，這些神秘的存在，在別的地方已經漸漸消失了蹤跡，全都退縮到了這個蠻荒的角落，這個充滿原始氣息的角落。所以，哈利・波特需要到這裡施展魔法，達・芬奇的密碼也需要在這裡解讀。

倔強的蘇格蘭人就如同石南花叢一樣固執，如同鬼魂一樣不屈不撓，在蘇格蘭這片貧瘠的土地上艱難地維持著生計。歷史是寫滿蒼涼的詩篇，而大地是最忠誠的記錄者。你可以看到17世紀古戰場的痕跡，高原上清冽的風依然講述著昔日的傳奇：當年羅伯特・布魯斯讓同伴挖出自己那顆勇敢的心鼓舞著軍隊戰鬥，華萊士在臨刑前大叫出自由的吶喊。而戰場上因為醫治條件有限，受傷的士兵就被現場處死，而不是被搶救；蒼涼的風笛奏響，哀悼亡靈，也伴隨著更多的士兵前仆後繼。這是令人不敢面對的勇敢與淒涼，但這就是來自蘇格蘭高地的固執與堅強。

SCOTTISH HIGHLANDS

地理位置

英國

名片

冰河世紀的原生態景觀

謝德蘭島是英國最美的島嶼之一，著名的喜樂蒂牧羊犬就出自這裡。島上星星點點分布著一些民居，一派田園與水鄉風光。

⚜法拉德黑半島超出巴拿凱海灘直達大海，對於野生生物愛好者來說，這裡是觀察海雀、海豚、海豹和鯨的好地方。這裡金色的蘆葦也是一大景觀，驚心動魄。

當歷史風雲散去，舊日的城堡閃現著歷史的痕跡，依然矗立在這片蒼涼的土地上時，它們的主人曾經是誰，是蘇格蘭人還是英格蘭人都不再重要，只有倔強的石南花，每年依然如約盛開，裝點著空曠的高地。

人們回歸平靜的生活，用自己辛勤的勞動在這片神秘的土地上開創和平、自由與溫馨的家園。當亞當・斯密、史蒂文森、瓦特、柯南道爾，這一串璀璨的名字，譜寫出的不僅僅是一片土地的傳奇，他們帶來了英國乃至整個世界的變革。如果沒有倔強的蘇格蘭人，今天的世界，也許無法想像。

今天，倔強的蘇格蘭人，依然在格子裙、威士忌與高爾夫的陪伴下熬過一個又一個嚴霜的冬天，迎來一次又一次的石南花開。蘇格蘭風笛聲依然悠揚，蒼涼如泣的旋律，總含有某種堅韌與快樂，在婉轉中不斷前行，越過長滿石南花的山谷，講述著屬於這片土地的傳奇，有淒涼，有溫情，有孤獨，也有渴望……

博登湖

極◆樂◆的◆盡◆頭

三國交界的地理位置讓人感覺是場身體與靈魂的放逐，而每年全世界最具智慧的諾貝爾獎得主聚集，則將這裡裝扮得更富情致。

博登湖（英語裡叫康斯坦斯湖）位於德國、瑞士與奧地利三國交界的地方，這種交界就給人一種疏遠的感覺，在一個領域的邊界，彷彿逃脫了一切的管轄，能夠隨意享受人生的意義，直至極樂的盡頭。極樂，是快樂的極致，它不是一時的放縱，而是永恆的愉悅。博登湖帶給人的就是這種永恆。

博登湖岸邊，巴伐利亞州的雄獅雕像，與對岸的燈塔遙遙相望，守衛著港口的入口。透過它們，可以看到遠處連綿的山脈，那是披著皚皚白雪的阿爾卑斯山。隔湖望著異國的山水，一種契闊之感勃然而生。泛舟湖面，湖鳥成群飛翔，湖風肆意勁吹，讓人突然間心胸開闊，忘卻所有世俗的憂傷。湖中美因賴興瑙島上四季花開不敗，蝴蝶翩躚，展現著自然的魅力；賴興瑙島上三座教堂肅穆莊重，沉澱著時間的記憶。湖畔康斯坦斯、林道、梅爾斯堡……座座小鎮恬靜安然，講述著生活的真諦。林道每年6～7月間都會迎來一次盛會，一年一度的諾貝爾獎獲得者會聚於此，這些科學家、這些哲人的思維，為這個安然的小城更添了一份睿智的氣息，一份雋永的芬芳。

而康斯坦斯也曾經有一次盛會，那是1414年的全歐宗教大會。參加宗教大會的75000人中，竟然包括隨達官顯貴們而來的3000名妓女。博登湖是一片純樸的山水，養育了一方純樸的人，康斯坦斯人用自己的方式嘲諷世事的黑暗，他們為妓女的代表茵佩莉亞豎立塑像，來標記這件宗教大事。純樸的人總能夠看透表面的虛偽，直達靈魂的純淨。

地理位置
德國、瑞士與奧地利交界處

名片
諾貝爾獎得主的遊園會

賴興瑙島上的教堂安然矗立。

夏慕尼

勃◆朗◆峰◆垂◆青◆的◆天◆堂

夏慕尼小鎮是攀登歐洲聖山勃朗峰的起點。在這裡，你隨時都可以瞻仰聖山的容顏，感受從天堂腳下散發出的人間煙火。

幾乎終年不化的積雪把夏慕尼小鎮掩蓋在靜謐中，雖然戶外嚴寒難擋，但室內卻暖意融融。

對於所有歐洲人來講，阿爾卑斯山脈是一道脊樑，它伸展綿延，跨越幾千里土地，11個國家，撐起的不只是歐洲的地貌，更撐起了所有歐洲人的內心。而阿爾卑斯山脈的最高峰——勃朗峰，更是全歐洲人心目中的聖山，每個人都夢

夢想在山腳建座小木屋，生活在這裡，閑靜舒適、怡然自得。

想著登峰而小天下。夏慕尼，則是這段旅程的起點。

在遠古傳說中，勃朗峰是受超自然力量封鎖的聖山，神仙與精靈生活於其上，不願受到世人的干擾。而探尋仙境，找到天堂，卻是每個凡人的夢想，許多人鋌而走險，尋找著通向聖山之巔的路徑。1786年，一個英國人沿著夏慕尼旁邊的一條冰河攀援而上，最終找到了這條讓人魂牽夢縈的通天之路。從那一刻起，夏慕尼成為了天堂之路的起點。許多勇敢者來到夏慕尼，沿著200多年前先驅尋找出來的路徑，攀登上勃朗峰。

夏慕尼小鎮，坐落在勃朗峰下一個狹長谷地中。在聖山的庇佑下，不足1萬的常住居民在這裡繁衍生息，享受著周圍的雪山冰河和藍天碧水，也向每一個到訪這裡的遊客敞開熱誠的懷抱。安寧的山莊生活、莊嚴的雪峰冰河、清新的空氣、善良的人們，讓每一個踏足這裡的客人都不禁從心底嘆服，原來，天堂就在勃朗峰下。

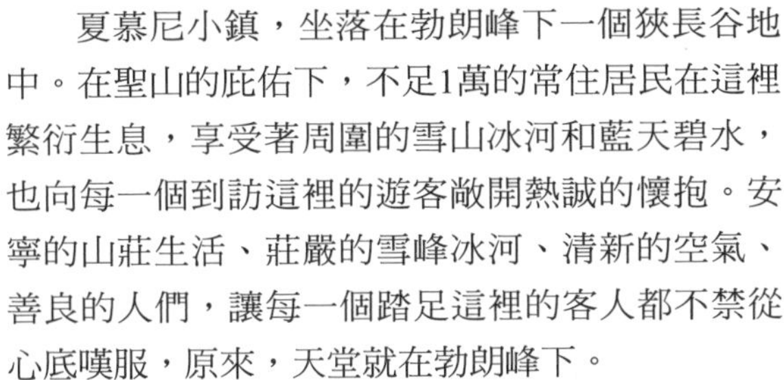

夏慕尼保留著許多最原始的阿爾卑斯風情。在夏慕尼的街頭，常年有一位穿著傳統阿爾卑斯山區服裝的老人，駕著華麗古典的四輪馬車，載著乘客穿梭於夏慕尼小鎮之中。恍然間，你會覺得，他有可能是百年前阿爾卑斯少女海蒂的爺爺，也有可能是穿越時空而來的聖誕老人，為平凡的世人送上盛禮。而每週一次的夏慕尼集市上，你可以看到各種阿爾卑斯特色的工藝品與生活用品，它們留存著原始的質樸，散發著天堂中的人間煙火。

和兩百年前不同的是，今天，通往天堂的路程不再只對勇敢者開放，普通人也都可以從夏慕尼出發，去盡覽勃朗峰的壯觀。這是一次穿越時空的奇妙旅程，令人嘆為觀止的科技讓人類得以與神靈同享人間天堂。

CHAMONIX

地理位置
法國

名片
阿爾卑斯山

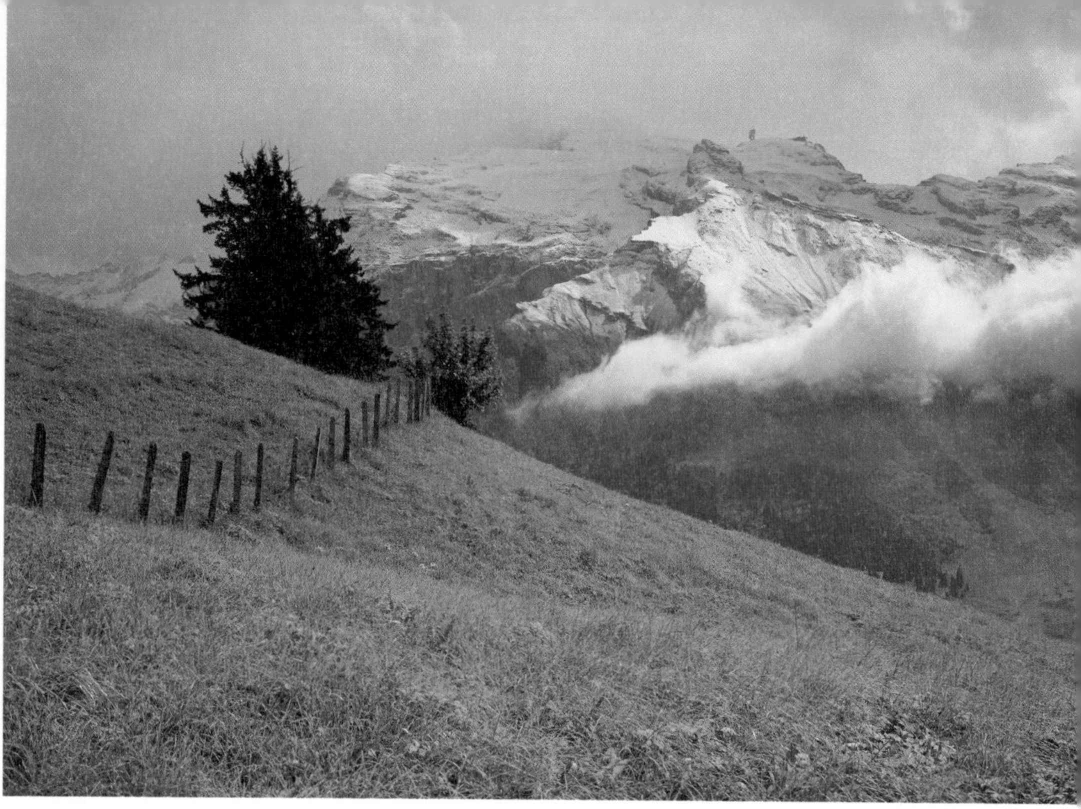

鐵力士雪山

到◆雪◆地◆去◆撒◆歡

嚴寒的英格堡小鎮被這座『神仙山』包圍，在不經意間，你就可能與極度的歡樂邂逅，那是征服的高端體驗。

MOUNT TITLIS

地理位置

瑞士

名片

英格堡小鎮
滑雪

鐵力士山3020米的海拔在多山的瑞士並不顯得特別出眾，排來排去，頂多算是瑞士中部地區的最高峰，但是鐵力士，這樣的名字就給人魁偉的感覺，聽著這個名字，腦海中便會自然浮現出一座巍峨、雄奇、挺拔的高山，它高聳入雲，用雄偉的身體撐起天空，連接大地與天堂。而真實的鐵力士山，便是如此，它在肅穆的山體中隱藏著特殊的活力，讓人感嘆不已。

鐵力士山腳下有一個小鎮叫做英格堡，在瑞士德語中，英格堡的意思就是「神仙山」，這個名字，對於小鎮及小鎮背後的鐵力士山，都是最貼切的描述。英格堡是那種最符合人們想像的山中小鎮，藍天、綠水、木屋、草場，還有背後的雪山，這一切就如同它的名字所表達的，本應是屬於神仙的，而現在卻出現在了人間，成為了凡人靈魂休息的聖地。

從英格堡山麓向山頂出發，沿途需要更換三種不同的纜車，每一段旅程都會讓人激動不已。第一段從山谷通向海拔1796米的特呂布湖，湛藍的湖水中倒映著雪山的影子，岸邊鋪滿了各種各樣的野草閒花，行在山路上，聽著自然的天籟，牛鈴的聲音若有若無地在山間飄蕩，一切彷彿都是《綠野仙蹤》中尋訪仙境的路途。第二段纜車從特呂布湖出發，高度漸增，山氣愈重，氣溫降低，四季的界限在這裡完全消失，時間也彷彿沒有什麼意義。第三段纜車，是世界首創的360度旋轉纜車，乘客可以將山中的奇景全方位地盡收眼底，沿路壯麗的鐵力士冰川、白雪皚皚的群山、千年不化的冰河，在車窗外飄忽而過，彷彿千年的積累只為了等待與你眼睛瞬間的相逢。

纜車到達山頂，並不是旅程的結束，而是旅程的開始。從鐵力士山頂，看群山萬巒臣服腳下，看北國風光銀裝素裹，看藍天艷陽白雪交映生輝，這一切的風光勝過沿途短暫的相逢。山頂本身的魅力也會向你綻放。鐵力士山山頂終年被積雪覆蓋，山上有萬年冰川，冰河用自然鬼斧神工的力量雕琢出令人嘆服的藍洞，深藍色的冷光照射在冰壁上，氤氳之氣仿然仙境。山頂的空曠更是一片冰雪打造出的天堂，讓人可以恣意地撒歡。愛好滑雪的人可以在這冰雪的天地中開始一段精彩刺激的滑雪之旅。不會滑雪的人，也不會安坐一隅，辜負眼前的雪景天地，喝上一杯暖身的朗姆酒，衝入雪地中團雪球、打雪仗，在雪地上打個滾兒，喚醒心底失落的那份童真與歡樂。鐵力士山所賦予我們的，就是雪一樣的純真。

在山地上騎車，釋放激情，除了快活，還有驚險。

雷斯岬國家海岸

咫尺天涯

雷斯岬是孤寂的，只有海風和偶爾來往的船隻與它相伴。如果你已經厭惡了人群，那麼就去雷斯岬國家海岸吧，與大海唱和，與寂寞為伴，在那裡盡情釋放自我。

提到舊金山，人們必然會聯想到金門大橋，它的名聲太響了，反而讓人忽略了其他美景，比方說，雷斯岬上為人驅散迷霧、照亮生命的燈塔。

雷斯岬海岸並不是溫暖細膩的沙灘，而是如楔子一樣深入太平洋之中陡峭的懸崖，它在一片很寬的半島尖角上，漢字中「岬」很形象地勾畫出了它的輪廓。雷斯岬崖上綠草如茵，羊群如雲，崖下太平洋的驚濤拍打著古老的岩石，講述著亙古的傳奇，講述著它一次又一次迷惑了探險家的故事。

1579年，英國的海上魔王德雷克爵士於雷斯岬登陸，宣布這是屬於大英帝國的領土，然後率船南下。不久，西班牙的探險家也到達這裡，將雷斯岬的海灣命名為聖弗朗西斯港，也調轉船向。兩百年後，才有人繼續航行，到達今天的舊金山。太多的探險家都被雷斯岬的景致所迷惑，以為那就

POINT REYES NATIONAL SEASHORE

地理位置

美國

名片

荒漠牧場
海天交接

綠草、柵欄、海水構成了一幅寧靜的畫面，但實際上這裡浪聲滔天。

是天涯海角，世界的盡頭。

雷斯岬所在的半島，是開闊而荒涼的，除了路邊幾支散立的籬樁和路標，只有幾星半點人煙。路上偶爾出現幾處牧場。柴扉的柵欄裡堆積起兩層樓高的草料，成群的牛都圈在圍欄裡，或放牧在附近開闊的草場上。這種原始的風貌，彷彿讓人穿越時空，到了當年開拓時期的西部。

繞到雷斯岬山崖的正面，可以遙望海天的交接，大自然在這一處盡顯它的權威，斷岸千尺下驚濤飛沫，迴旋激盪，沁寒的海風從四面八方襲來，薄薄的霧氣籠罩著海面，組成一幅淒清的畫卷。而紅頂白牆的燈塔，為這個地方平添了幾分暖意。

和很多人的想像不一樣，雷斯岬的燈塔並沒有站在斷崖的最高點，而是在崖下，最深入海洋的斷崖頂點。從崖頂拾階而下，經過300多級石頭台階，才能走到燈塔的下面。在這處略顯險惡的海崖，遠離居民，燈塔的守護者孤獨地守護著燈塔，為海上的船隻指引著方向，他肯定是擁有比海還要寬廣的胸懷，懷著對海上出生入死的水手的悲憫，才能夠年復一年地堅持繼續。

在太平洋沿岸，尚有好幾處燈塔做了雷斯岬燈塔的兄弟，它們猶如秩列的星座散布海岸，用不同頻率的光線譜寫著生命的樂章。寂寞如歌。

雷斯岬海岸開闊但不空寂，潮汐在海風的指引下展現出溫馨的畫卷。

佛羅里達濕地

流◆進◆心◆田◆的◆草◆原◆河

佛羅里達濕地分布著大片沼澤，是鳥類和魚類的天堂。或許，梭羅的《瓦爾登湖》跟它有些神似。既然我們都屬於孤獨的人群，何不從群體中抽身而出，復歸濕地，就像回到母親的子宮一樣？

EVERGLADES

地理位置
美國

名片
聖靈之水

佛羅里達是美國人度假的天堂，而佛羅里達的天堂，在它的濕地——大沼澤。這些亞熱帶濕地位於佛羅里達州最南端，這是一片被印第安人稱為「綠草如茵的水域」，是他們的聖靈之水。

濕地的中心是一條寬闊而淺淺的河，只有及膝深度的河水緩緩流過廣大的平原，流水泛著粼粼波光。天邊沒有起伏的山峰作任何參照，一望無際的是水草和沼澤地樹叢；空氣澄淨透明，雲層就從頭頂很近的地方一直連著遠處的地平線，彷彿觸手可及。

稠密的亞熱帶森林矗立河岸，種類繁多的樹木恣意生長，林間溫柔吹拂來陣陣夾雜著林中動植物氣息的清風。稠密的亞熱帶森林和柏樹叢生的沼澤，使人感到彷彿有恐龍隱伏在神秘的叢林深處。紅通通的苔蘚裹在樹幹的周圍，為陰森的樹林增添了奇異的色彩。一望無邊的紅樹茂密地生長，樹根於水下交錯盤結，形成了神奇的水位障壁，攔阻著大量泥沙殘骸和漂浮物，從而形成新的沙洲小島。魚泥龜、海豚和幼鯊在這一帶的水域內尋找紅樹樹根，棲息其間。浩瀚的水

稠密的亞熱帶森林矗立河岸，種類繁多的樹木恣意生長，林間溫柔吹拂來陣陣夾雜著林中動植物氣息的清風。

面上長滿了茂密的莎草，翠綠色和棕色的莎草交織生輝，草叢下，水色燦爛，靜水深流。青蛙、蚱蜢、蝴蝶不時出沒其中。水中生長著多種神奇的生物，而水上的樹林，是鳥類的聖地。這些陸生和水生動植物相互適應，和諧共處，因而造就了獨特的濕地環境，成為無數瀕危物種最後的棲居地和避難所，抵抗著時間與工業文明的摧殘。

印第安人在其中隆起的平地上蓋房居住，採獵為生，過著原始開心的生活。經歷過征戰與拓荒，這片沼澤不可避免地被現代文明所侵蝕，沼澤的面積在減少、水位在降低、物種在滅絕、汙染在加重。幸好當地人及時醒悟，一項「拯救佛羅里達」計劃已經實施——畢竟，留住了原生態的自然，就留住了人類後代生存的家園。

濕地中心的植被喧鬧地生長，這裡是它們的天堂，也是梭羅尋找本真的地方。

雷尼爾山

西◆雅◆圖◆不◆眠◆山

雷尼爾山有如日本富士山，終年白頭積雪，夏天有繁花似錦的山坡，冬天有清冽的冰瀑，凡去過，必留下足跡。它是心靈的後花園。

MOUNT RAINIER

地理位置

美國

名片

雪山 湖泊

瀑布

地球上有史以來全年最大的降雪量並不在阿拉斯加、北極或南極，而是在一座名為雷尼爾的山中。雷尼爾，英文為Rainier，這個名字，應該是和降雨聯繫在一起的，但是在雷尼爾，雨將自我凍結為精靈，以雪的形式投向群山的懷抱。

從西雅圖市區，便可遠望雷尼爾山，它似乎是從平坦低地上陡然而起，聳入雲霄，半山以上終年積雪，雲霧繚繞，透露著神秘與莊嚴。雷尼爾山自古就是印第安人心中的聖山，它的圖案在當地的器物上一次次地出現，頗具神聖的味道。

走進雷尼爾山，是一次走入神聖的旅程。山麓下，茂密

的原始森林綿延一片，湖泊、瀑布點綴其間，錯落靈動。夏季，冰川消融，雪水匯成湍急的溪流和傾瀉的瀑布，奔騰在山谷之間，激盪出如詩的迴旋。野花繽紛綻放在草甸之中，放縱恣肆，一片花海。雷尼爾山中並沒有公路，任何走入山中的人都需要徒步走入這些風景，走入自然賦予的盛景。

雷尼爾山中最有名的兩處景點分別名為「天堂」與「日出」。「天堂」，顧名思義，是仙境，是神聖的景致，天堂河靜靜地流淌，美麗的山景肆意地鋪展；而在「日出」，則能夠看到沉默的冰河與壯闊的太平洋，這一動一靜的靈動之水，是天堂照臨人間的光芒。

雷尼爾山就是這樣一座充滿了自然靈氣與力量的神秘之山。正因為雷尼爾山的美麗風光，美國的許多學者甘願放棄高薪，來到工資低於全國平均水平的華盛頓大學任教。因為在這裡，他們能夠時時感受到這座西雅圖不眠山的神秘而無限的風光。

冰瀑縹渺而下，歲月無聲流淌。

黃石國家公園

修◆復◆心◆靈◆的◆蠻◆荒◆天◆堂

可憐的心靈啊！原本是那麼無邪，如今卻塵埃滿布，汙穢不堪。它需要一個空間，那裡可以滌蕩雜質，重新煥發生機。

YELLOWSTONE NATIONAL PARK

地理位置

美國

名片

人與自然的和諧之道

如同長城是中國的標誌一樣，黃石國家公園是美國的一個標誌。所不同的，長城體現的是人的力量，而黃石國家公園，是自然力量的體現。

黃石公園，是美國第一座、也是世界第一座國家公園。它坐落在洛磯山脈最高峰，這片土地誕生於近200萬年前的一次火山爆發，造物主彷彿想在這裡展示自己無窮無盡的創造力，在平均高度為2500米的火山岩堆積出的高原上，山巒、石林、沖蝕熔岩流、黑曜岩山、間歇泉、峽谷、瀑布、溫泉錯落分布，各類地質奇觀應有盡有。黃石河，這條美國境內唯一沒有水壩的河流，洶湧而出，河水切斷山脈，創造出神奇的黃石大峽谷。在陽光下，峽谷兩壁的風化火山岩光怪陸離，五光十色，在燦爛的陽光下閃耀著彩虹般斑斕的光芒，彷彿是眾多畫家於兩壁描繪出的動人長卷。黃石河和許多支流深深地切入峽谷，眾多瀑布因此而生，蔚為壯觀。黃石湖如同一隻手掌一樣，托出一片五光十色的湖面，湖色隨著湖底熱噴泉的活動不斷變化，如同童話中的神泉一樣變幻莫測。湖岸遠處是一排雪山，銀裝素裹的世界在變幻的湖色映襯下更顯得肅穆安寧。公園內，沸泉數以千計，泉水冒著騰騰蒸汽，水汽氤氳，打造出一派仙境的朦朧。「獅群噴泉」發出獅吼般的聲音，彷彿宣洩著內心的興奮；「藍寶石噴泉」水色碧藍，搖晃著炫目的光芒；以「老忠實泉」為代表的間歇泉規律地噴著水，不時從火熱而黑暗的地下世界噴湧而出，無論冬天還是夏天，無

冬天的「煉獄」不再沸騰，寧靜安然，冰清玉潔。

論颫風還是飄雪，它們始終保持著忠實，一會兒噴湧，一會兒隱藏，堅守著自己的節律，從不感到厭倦與疲憊。

在這片廣大而神奇的土地上，近九成的面積上覆蓋著森林。美洲雲杉和亞高山銀杉秀麗多姿，令人矚目。扭葉松、龍膽松以頑強的生命力令人嘆服，由於地熱和天氣等原因，黃石公園中火災時有發生，而扭葉松和龍膽松卻在一次又一次的火災中生存了下來，不僅堅守著自己腳下的土地，甚至為其他荒地染上了綠色。在黃石公園這片「沸騰的煉獄」之中，它們用綠色證明「野火燒不盡，春風吹又生」的生命力。

山火可能會傷害森林，但是它卻是黃石整體生命力所必需的。它將沉積在地表的廢物燒燬，將妨礙植物生長的蟲害驅散，將體弱多病的生物淘汰，讓適應的強者生存；炙熱的大火將岩石烤裂，為植物的生長開路，也塑造出新的地貌。

而大火焚燒的灰燼是新生命最好的肥料。大火燒燬了舊的東西，是為了讓新的生命更加繁榮。這正像人生的風雨，我們只有經歷，才能夠不斷成長。

走進黃石公園，還可以看到許多稀有的野生動物出沒其

野牛在這裡安然進食，沒有勞役之苦；水停止了腳步，願意棲留於此；藍天愛上了這裡，不忍離去。當然，人更願意留在這裡。

「沸騰的煉獄」，但色彩卻是這般溫柔。

間，麋鹿、天鵝、渡鴉、美洲水牛、灰狼、灰熊優遊自在，沒錯，它們才是這片大地的主人，對於見到野生動物就大驚小怪的遊人，他們從來不屑一顧。

黃石公園就是如此一片帶著一些蠻荒色彩的區域，時至今日，人們走入這裡，依然會敬畏折服於自然的神奇與造物的恩寵。也許是相同的力量，讓100多年前的人們就意識到必須保護這一方山水，使得政府最終放棄礦產的利益，為了人民的利益，建造了這座國家公園。也許，是相同的力量，使得許多人將自己的心血貢獻於此，在黃石公園開辦之初，N．P．蘭福德先生義務擔任了公園首任負責人，不計報酬，工作了5年，分文未取。這樣的人還有許多，正是在他們的努力下，黃石公園至今依然保持著自然與原始。而我們能做的，我們需要做的，就是將這一切的努力堅持下去，守住這地球上已經不多的蠻荒天堂。

優勝美地國家公園

深◆沉◆的◆執◆著

落寞的心靈一直在尋根，母親是我們的第一個情人，父親是我們崇拜的第一個英雄。無論哪方面的缺憾，在優勝美地都能得到補償。

優勝美地，從Yosemite音譯而來，雖然這個翻譯方式廣為人知，但是也許，它的另一個譯名更加符合優勝美地國家公園的風貌——優山美地。

優勝美地國家公園這一片優山美地位於美國加州內華達山脈的西麓，公園以U形的優勝美地溪谷為中心，分布著許多鬼斧神工的雄偉景象：「船長峰」是一整塊高達1099米的花崗岩壁，經過千年的風霜侵蝕，呈現出銅綠般的色澤；「落箭岩」拔地而起，眾多的英雄於它面前折腰；「三兄弟峰」平行等肩，用血脈相通的熱情共同撐起一片天空；「半邊天」在冰河作用的切割下盡顯妖嬈。峽谷內默塞德河貫穿谷

YOSEMITE NATIONAL PARK

地理位置

美國

名片

印地安人留給後世的厚禮

最純淨的藍，連偉大的畫家也調配不出來。

光影中的優勝美地像剛剛梳洗畢青絲的少女一樣婉約。

底，隨著地勢高低起伏，塑造出一片又一片的瀑布；山谷北壁「優勝美地瀑布」傾瀉奔騰，南壁「新娘面紗瀑布」朦朧浪漫，「緞帶瀑布」、「春季瀑布」、「內華達瀑布」錯落分布在谷中。

而這片美麗無邊的優勝美地事實上只是公園的一小部分，面積只有整個公園的0.5%，公園中有著廣大的不為人知的地方。後山之上，分布著大量的湖泊、草原、峽谷，它們在無人造訪的角落綻放著自然的美麗。在公園東側，圖奧勒米草甸高地上野草繁茂，鬱鬱蔥蔥，巨大的圓石丘從中突起。越過這裡，泰奧加山隘是整個公園的制高點，可以將這片遼闊的大地俯瞰腳下。太平洋山脊徑（Pacific Crest Trail）以及約翰繆爾徑（John Muir Trail）也都從公園東部通過，連向外面更加廣闊的世界。公園北部是人跡罕至的高山區，赫奇赫奇水庫灌溉出的一片沃土可與優勝美地谷底平分秋色。

公園的大和美是超出許多人想像的。偉大的博物學家約光影中的約翰·繆爾來到此處，忍不住感嘆：「上帝似乎總是在這裡下功夫裝扮美景。」因此，他將自己一生中的大部分時間花在了優勝美地，用動人的文字向世界傳播這裡的美麗。

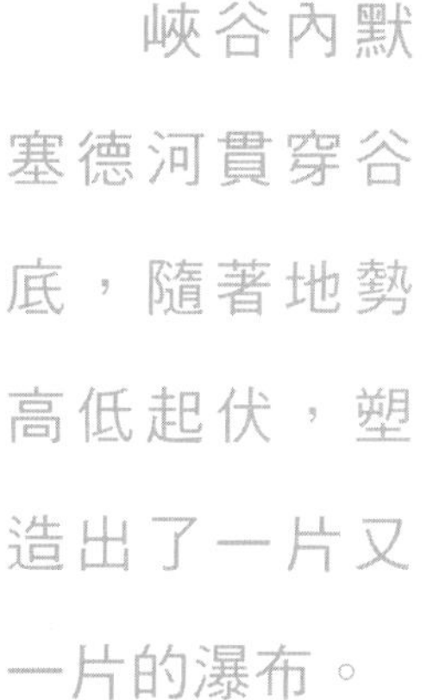

這片美麗的土地上，生長著一種神奇的物種——巨杉。這種樹木有「世界爺」之稱，它們從幾千年之前就生長於此，歷經無數風霜雪雨，仿然整個世界的祖先，但是依然粗壯翠綠，生機勃勃；當秋季到來，種子張開薄膜般的翅膀，向四處飛散而去。早期，公園為了吸引遊客，曾經在「世界爺」的樹幹上挖洞，馬車可以在樹洞中自由奔馳。有一個樹洞的「加利福尼亞樹」依然完全地生長在蝴蝶山谷之中，成為整個加州的標誌。今天，人們的環保意識漸漸強烈，意識到，挖了洞的樹木不過是譁眾取寵，而一棵生機勃勃的老樹卻會讓人見到深沉而執著的生命力，給人更多的收穫。

優勝美地這個名字來自印第安語（意為「灰熊」），根據考古遺跡，4500年前，優勝美地山谷中就有了印第安米沃克族人的腳印。在這片土地上，他們與自然和諧相處，彷彿自然的一部分。年復一年，幾千年過去了，他們依然過著安然恬靜的生活。不幸的是，後來所謂的探險家闖入了這裡，破壞了原有的平靜。但也是萬幸的是，人們很快意識到了自己的錯誤，1864年，這裡成為了全美第一個州立公園，後來不斷發展，成為美國最美麗的國家公園。由於許多人喜愛這一片千嬌百媚的土地，喜愛那飽經風霜、深沉執著的樹林，遊客數量與日俱增，對公園的生態造成了壓力。公園為了保護環境，寧可犧牲利益，限制遊客數量，限制車輛通行，只是為了留住這一片優山美地。

班夫國家公園

鏡◆頭◆中◆的◆桃◆花◆源

明尼灣卡湖位於硫磺山下，在印第安人的語言中，是指『靈魂之湖』。根據他們的傳說，人類死後靈魂都會在這個湖泊上相會。所以，在班夫國家公園，靈魂能得到安息和淨化。

地理位置
加拿大

名片
湖光山色

奧林匹克是全世界關注的焦點，能成為一次奧運會的舉辦地，對於任何一個地方來說，都是無比榮幸的事情。許多城市歷史中都記錄著自己曾經舉辦過哪次夏季奧運會，或是哪次冬季奧運會。但卻有一個地方的居民因為太愛護他們的家園，認為比賽場館的修建與來來往往的運動員和觀眾會破壞他們的環境，而迫使政府放棄了申辦冬季奧運會的權利。這個地方叫做班夫。

班夫是加拿大的第一個國家公園，它位於洛磯山脈之中，3000多米的倫多山從東南方向俯視著班夫，2000多米的硫磺山也可以將洛磯山脈、弓河河谷、班夫公園與小鎮的美景一覽無遺。班夫公園內有著眾多的冰峰、冰川、草原、溫泉，奇峰秀水，別有洞天。

空寂的天地裡，野草在歌唱。

公園中部，以維多利亞女王的女兒路易斯公主的名字命名的路易斯湖湖水隨著光線的深淺而變化，從藍到綠，始終不變的是水的清亮，始終如同一粒晶瑩剔透的寶石，自然流露著屬於皇室的輝煌，難怪它被稱為洛磯山脈的「翡翠寶石」。湖畔的泉城堡酒店，與湖水相互輝映，古香古色中盡顯大氣端莊。而距路易斯湖15000米的夢蓮湖，湖中沉積著十峰山墜落的碎石，如同藏著無盡的心事，而這些無盡的心事，讓夢蓮湖如同幽谷中的美人一樣，顯現出一種別樣的春愁，白雪綠林倒映其中，更添了幾分憂鬱的深沉。硫磺山下的明尼灣卡湖是公園內最大的湖泊，被稱為「靈魂之湖」。公園內，這樣的湖泊不可勝數，它們有如粒粒翡翠，點點珍珠，為班夫靜靜的群山帶來了閃光

的亮點。

很難想像，這片美麗的山水在兩次世界大戰期間都曾經是集中營所在地，戰爭的烏雲、集中營的殘酷，和這裡秀美的山水是如此的格格不入。但是今天許多遺跡恰恰來自那段黯淡的歲月。1917年，集中營的囚犯修建了班夫的冰宮。第一屆班夫冬季狂歡節於此舉行。雪地中的狂歡似乎讓班夫忘卻了戰爭的陰影。歲月流逝，烽火早已成為煙雲，而狂歡的追求卻一直延續下來。除了冬季的狂歡節，夏季更有夏季的火熱，美洲原本的主人——印第安人，每年夏天都會穿上傳統的民族服飾，搭起帳篷和舞台，載歌載舞，延續已經傳承了數千年的歡樂。黯淡的過去不需再提，只要盡享這一刻的無邊歡樂。

瓦特頓湖區

洛◆磯◆山◆脈◆的◆皇◆冠

瓦特頓湖倒映著山上的雪景，當地印第安人把這裡稱為『山脈閃光之地』。幽深絕美的湖光山色，使得這裡成為聞名遐邇的夢幻之地。

WATERTON LAKES

地理位置

加拿大／美國

名片

湖泊 瀑布
雪山

瓦特頓湖區，位於加拿大西南部艾伯塔省與美國西部蒙大拿州交界的地方，依附在洛磯山的腳下。億萬年前，這裡曾經是茫茫海洋；千萬年前，這裡聳立起了高山；200萬年前的冰川期，這裡被冰川覆蓋。冰川消融為水，點滴蝕刻，將這裡雕琢成了座座冰川谷以及650多個湖泊。現在，這裡的岩壁如同被鬼神的刀斧砍剁過一般陡峭崢嶸。谷底中生長起萋萋芳草、鬱鬱林木，山腳與廣大的草原相接，彰顯著自然不可遏止的生命力。湖水、河流、瀑布，在紅色的山岩之上流淌，展現著水的火熱與激情。這片土地，是「一次地理過程的典型例證，包含了無比的自然現象，並富含大量信息與

自然美景」，因而被譽為「洛磯山脈的皇冠」，成為世界最寶貴的自然遺產之一。

瓦特頓湖是湖區最具代表性的景致，湖面波光粼粼，深邃靜謐，環繞著半島上的威爾斯王子酒店，給人一種憑海臨風的遼闊。由於處於雪山腳下，這裡時常沒有季節的界限，6月中也會飄起鵝毛大雪。紛飛的雪花將世間萬物裝點，塑造出一片如夢境、如童話般的景致。《哈利波特》會來此取景，也是情理之中的事情。

瓦特頓湖將加拿大和美國兩個國家連接起來，湖上，翩翩遊船穿梭往來，逍遙得意。其實，自然本是一切的基礎，所謂國家的界限不過是人們強加於自然之上的。1931年，出於對自然的共同珍視，屬於加拿大的瓦特頓湖區國家公園與比鄰的美國蒙大拿州冰河國家公園打破了國界的限制，合併組成瓦特頓—冰川國際和平公園，將自然還原成了無界的一體。

瓦特頓湖區是加拿大最小的國家公園，湖區內遍布第四紀冰川期的刻蝕山岩，冰川谷隨處可見。

巴里洛切

南◆美◆小◆瑞◆士

這裡是四季咸宜的旅遊勝地。夏天山上林木茂盛，可騎馬獵鹿，盡享回歸自然之樂；冬天可以滑雪，這裡是滑雪者的天堂。水鳥追逐著船尾掀起的波浪，白色的身影印襯在湖岸墨綠的林木上，儼然一幅重彩工筆。

BARILOCHE

地理位置

阿根廷

名片

童話範本

南美洲給人的整體印象是粗獷和野性的，但是有一個阿根廷的小城，玲瓏的建築點綴在山樹之間，在壯美的雪山和靜謐的湖泊的環繞下，靜謐而精緻，深沉而有節制，與肆意生長的雨林和草原截然不同。它就是南美洲風景最獨特的地方——巴里洛切。

巴里洛切位於安地斯山山麓之上，抬頭便能看到綿亙悠遠的安地斯山脈向天際蜿蜒而去，頂峰上覆蓋著皚皚白雪，城邊是碧綠如翡翠的納瓦瓦比湖，綠水白雪相互映襯得分外耀眼奪目。山腳下松林和灌木茂密蓬勃，張揚著生命的活

力；平緩的山坡上片片鮮嫩的綠草，展現著夢想的力量。城中座座造型別緻的紅頂小屋，掩映在掛滿黃葉的楊樹林中，分外妖嬈。8月，這裡的冬季到來，白雪紛飛，壁爐的煙囪飄蕩出暖暖的炊煙，滿目是和諧悠閒的生活。尋一個背山面水的木屋旅館，端一杯熱茶，眺望這遠近的風景，恍惚中，如同置身仙境。

美國華納公司就將巴里洛切當做了童話的範本，在拍攝《白雪公主》時把這裡選為外景地，他們將七個小矮人那夢幻般的小屋安在了巴里洛切。今天，當年為拍攝而搭建的小屋依然靜靜地佇立在路邊，向匆匆而過的旅客講述著童話的真諦，講述著傳奇的故事。

巴里洛切是冬季運動項目愛好者的天堂。

100多年前，歐洲的移民開始踏足南美大陸，偶然來到巴里洛切，這裡的景致讓他們想到了阿爾卑斯山下的瑞士，想到了熟悉的家鄉。於是，他們便在巴里洛切停下腳步，依山建出座座歐陸風情的房屋，漸漸將異鄉變為故鄉，將南美洲的巴里洛切打造成了阿爾卑斯山下的瑞士，打造成了脫離世俗、超越時空限制的家園。

Chapter 02

月神撫摸牧羊人

——恩底彌翁的永睡

日內瓦湖

愛◆情◆的◆同◆義◆詞

天鵝搏戲水上，彩帆游弋湖中，白鴿徜徉湖畔，紅牆碧瓦掩映在綠蔭叢中，花木扶疏，水色澄澈，一處富有玫瑰意韻的所在，愛情不用邂逅，而是狹路相逢。

LAKE GENEVA

地理位置
瑞士／法國

名片
歐洲最有名的湖

日內瓦湖，如同新月一樣蜿蜒在瑞士、法國邊境處，湖南岸是白雪皚皚、秀麗雄偉的山巒，北岸則廣布牧場和葡萄園。

它是阿爾卑斯山最大的湖泊，也蘊含了阿爾卑斯山最大的美麗。自古以來，許多作家文人都對它的景色充滿了讚賞謳歌，亨利・詹姆斯認為它是「出奇的藍色的湖」，拜倫則認為日內瓦湖是一面晶瑩得可以反射出自己思緒的鏡子，「有著沉思所需要的養料和空氣」，而巴爾扎克則把它說成是「愛情的同義詞」。在古羅馬時代，日內瓦湖被稱做勒曼努斯（Lemanus）湖，Lemanus 一詞本就與愛人（Leman）有著說不清的淵源。

時光的流逝永遠不會消減這裡的美麗，只會為這裡帶來

更深刻的內涵。湖畔的法國梧桐久經風霜之後依然多情浪漫，向每一個來到此處的客人舞動著自己的身軀。在樹影中掩映著棟棟別緻的建築，日內瓦的老城與新城由一座勃朗橋分割開來，而又彼此相連。老城完好地保存著歐洲中世紀的建築風貌，而新城則充滿了現代人的追求與夢想。這座城市講述著日內瓦湖古往今來的傳奇，也注視著今天依然美麗的湖面。

坐落在日內瓦湖畔的詩隆城堡被譽為「瑞士第一堡」。

湖水永遠清澈湛藍，水波微微，在陽光下閃耀著迷離的色彩，在霧靄中變幻著多姿的柔情。天鵝端莊淡雅地撥動著碧波，湖鷗靈動地追逐著空中的食物，還有許多不知名的水鳥，一起舞動著湖上的生機。湖中的人工噴泉直衝雲天，白線似的水柱在陽光下折射出彩虹的光芒。湖中雕塑形態各異，與壯觀的噴泉一動一靜，裝點著深沉的水面。湖岸上，鮮花鋪滿綠茵，白鴿自由地盤旋，人們悠閒自得地漫步其中，享受著無盡的湖光山色。入夜，岸邊燈火點點，湖水倒映出溫暖的光彩，噴泉則化為一位恬淡的素裝少女，矗立在湖中。湖面上偶爾經過的游艇之上傳來虛無縹緲的歌聲，美麗的愛情也許就在某處醞釀發生。

日內瓦湖是溫潤的，像一縷柔風滋潤著湖畔的一切。

安錫

阿◆爾◆卑◆斯◆山◆的◆陽◆台

安錫又名阿納西，阿納西這個名字給人感覺是個純情浪漫的法國少女，而安錫就有點像印象中古絲綢之路上的某個國家了。生活在這裡的人簡直就是置身於世外桃源，讓我們這些遠來的遊客生怕打擾了他們幽靜的生活。

盧梭在16歲那年離家出走，來到了臨近瑞士的法國小城安錫，這裡的景致讓他怦然心動，之後他在這裡度過了10年的歲月，他參加這裡的唱詩班，唱出內心深處最真摯的讚美，與華倫夫人戀愛生活，享受最安然恬淡的幸福，用文字記錄著動心的一切。可以說，如果沒有在安錫的生活，便沒有這位偉大的哲學家與作家。

安錫，又稱阿納西，東依阿爾卑斯山，南面是法國最美的湖安錫湖，山水賦予了這座小城無盡的靈性，使它美麗而靈動。安錫運河從湖中而出，將山水的靈性灌注到安錫城中。沿河而行，抬頭可見遠處雄壯的阿爾卑斯山，異國風情的民居散落在青黛色的山坡上，低頭，河中游弋著雪白的天鵝、斑斕的野鴨與成雙成對的鴛鴦，透著與整個小城合拍的愜意與安閒。

安錫從12世紀開始慢慢興起，座座中世紀的建築沿運河林立，鋪滿鵝卵石的小巷深入建築深處，彷彿也伸向了歷史深處，這裡的安寧讓人忘卻了時間和空間，河邊房屋窗台上盛開的花，彷彿從12世紀至今，永遠不敗。提烏運河中央的小王宮（船形石頭城堡）是這個城市的標誌，它興建於12世紀，做過總督府、市政廳、法院、鑄幣廠、監獄，如今成了城市的博物館。其實無須館內的展品，這座建築本身，就已經道出了世事的滄桑變幻。

由於河道曲折，安錫城中除了河道之外，只有步行的小巷，一切都緣水而生。因此，總有人將安錫比做「法國的威尼斯」，但是相對於威尼斯的高貴來說，安錫多了幾分平民的安寧，它溫婉嬌美，如同小家碧玉，美麗中流露出人間的氣息。安錫依舊保持集市的傳統，每逢集市，這裡熙來攘往，熱鬧非凡，一掃平日的安靜。也許這樣更接近真實的幸福，有平靜、有歡樂、有安定、有高潮。

ANNECY

地理位置

法國

名片

「法國的威尼斯」

鋪滿鵝卵石的小巷深入建築深處，彷彿也伸向了歷史深處。

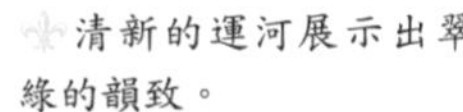

清新的運河展示出翠綠的韻致。

英格蘭湖區

華◆茲◆華◆斯◆的◆情◆人

即使經過無情歲月的洗禮，她的容顏依舊不變，她並不會在若干年後僅僅閃現在我們的記憶中，而是亙古如一，恆久美麗。

LAKE DISTRICT

地理位置

英國

名片

絕美湖光山色激發詩人靈感之地

英格蘭湖區的名聲是與華茲華斯緊緊聯結在一起的。200多年前，華茲華斯住在湖區的格拉斯米爾湖邊，他除了在家裡看書寫詩，就是在湖區沒完沒了地散步。他將散步時看到的一切，一朵花、一棵樹、一個鳥巢、一隻小鳥，所有的一切，全都記錄下來，湖區的一草一木在他的筆下成了動人的詩篇，得以聲名遠播，得以流芳百世。

如果說華茲華斯成全造就了英格蘭湖區，那麼反過來同樣可以說，湖區造就了華茲華斯，因為美麗的詩句來自於美麗的生活。唯有湖區的景致，才能賜予華茲華斯靈感，造就出唯美的詩句。今天，走進湖區，依然能夠看到華茲華斯詩

春天的湖區像個情人，而秋天的湖區則更像一位母親。

句中的景致。

雖然200多年過去了，外面的世界幾經滄海，但湖區始終是一幅寧靜安然的畫卷，延綿的山巒，整齊的田莊，蔚藍的湖水，清澈的小溪，處處流露著祥和與安寧。水是湖區靈氣的源泉，溫德米爾湖寬廣，格拉斯米爾湖小巧，十六面湖水與水邊的景致掩映交輝，透著中國江南水鄉的清秀靈氣。斯科菲峰高聳入雲，山頂積年的白雪在陽光下閃耀著光芒，又顯露出北國風光的巍峨壯麗。湖區的景色就是如此變化萬端，而又彼此巧妙地自然融合。

湖區是最自然的天堂。身處湖區之中，你能夠聽到遠處山谷中潺潺的流水，樹林中婉轉的鳥鳴，林梢間遊蕩的清風，這一片天籟交織出最動人的自然之音；泛舟湖上，你能夠看到岸邊鬱鬱蔥蔥的樹叢，樹木掩映中閃現出神秘莊嚴的古堡，而優雅的天鵝會在你的舟邊輕輕游過。當你在湖邊隨處停留，田野小徑會為你帶路，每條路都可以

紅花槭是一種美麗的觀賞植物，它的葉子天生是紅的，樹高可達20餘米。這是英格蘭湖區的紅花槭，詩意盎然。

英格蘭湖區的秋天是彩色的世界，美得像拉斐爾前派的油畫，無與倫比。

通向一個靜謐的未知世界。遠處村莊裡，炊煙夾著木柴味乘著微風飄來，淳樸的鄉民與可愛的牧羊犬相依而笑，守護著他們健康的羊群。

甚至華茲華斯的故居，也依然留存著當年的氣息，細膩的瓷器，詩人的手稿、書桌，居所外的白色長椅，在陽光燦爛的午後，依然閃著舊日的光芒，彷彿華茲華斯依然在湖畔散步，隨時會回到這裡，坐下來記錄今日的收穫，再寫出歌頌湖區的詩篇。

湖區周圍掩映在綠樹中的小旅館也都洋溢著人文的氣息，餐廳中擺放著維多利亞時代的瓷器，床頭的書櫃中擺著各種文學名著。白天領略了湖區的山光水色，晚上縮進這小小而溫暖的旅館，從架子上抽出一本詩集，細細品讀，度過一個遠離塵囂的夜晚，這也許是許多人夢想中的生活。

是的，這裡的時間幾乎是停滯的。外邊的世界飛速地發展，湖區依然保存著200多年前的風貌。任由附近興起座座工業化的大城市，任由缺乏設計的水泥房屋在不遠處面無表情地聳起，湖區依然是恬淡安寧的小鎮，即便有一些現代的設施，也全都依附在自然之中，絲毫不敢驚動這座在時間長河中堅持自我的小鎮。在日益城市化的今天，湖區內座座平凡無奇但卻閃耀著歷史滄桑的石屋，顯露著一種遺世獨立的氣質，彷彿在鄭重地宣告，這片區域的時間已經凝固，它會始終保持自然與靜謐。

而人們享受這片山水的方式也和華茲華斯時代沒有什麼

不同。華茲華斯用雙腳走遍了湖區，今天，人們依然是用雙腳來投入湖區之中探險。現在的湖區是漫步者的天堂，每到夏季，氣候和暖的時候，湖區中會出沒著許多快樂的步行者，他們走出了許多條的小路，有些人比華茲華斯走得更遠，看到了更多的湖區之美。

湖區已經成了英國人，乃至全世界人的一片安寧的綠洲，是人們心靈的後花園，是一個逃出城市喧囂與浮躁生活的地方。經歷過城市的人工化與醜陋，看一看湖區的自然，如果你足夠靜心，你會在每一寸山水間感悟到自然的美麗與恩澤，會明白何謂大音希聲、大象無形的美麗，華茲華斯便是在如此般寧靜的天地中聽到了大自然的呼吸，寫下了串串珍珠般的詩篇。當你親身領略了這一切美麗之後，你會懂得華茲華斯的用意，他將湖區賜予他的幸福煉成字字珠璣的詩句，是希望世人都能睜開欣賞大自然的眼睛，用心去觀賞大自然動人的畫作，去聆聽大自然美妙的天籟。而自然和美，有能力拯救我們的心靈。當你沿著湖邊漫步，呼吸著湖上潮濕清新的空氣時，可以帶上紙和筆，也許，湖區也會激發你心中的靈光，美麗的詩句也會湧上心頭。

在湖畔建一小築，跟紛亂的外界一刀兩斷，難怪這裡會產生「湖畔詩人」。

茵斯布魯克

茜◆茜◆公◆主◆的◆皇◆家◆小◆鎮

在茵斯布魯克，我們或許無意間就會踏上哈布斯堡王朝馬克西米利安一世的足跡，不經意間就會置身於茜茜公主曾經流連的小森林。在這個童話小鎮，美人已逝，但芳魂猶存。

茵斯布魯克本意為「茵河上的橋」，正好坐落在茵河之畔，茵河載著阿爾卑斯山上積雪的融水流淌而過，為這裡帶來陣陣清新的空氣。15世紀，哈布斯堡家族開始居住於此，這個被馬克思稱為「全歐洲舊勢力中最頑固的王朝」的

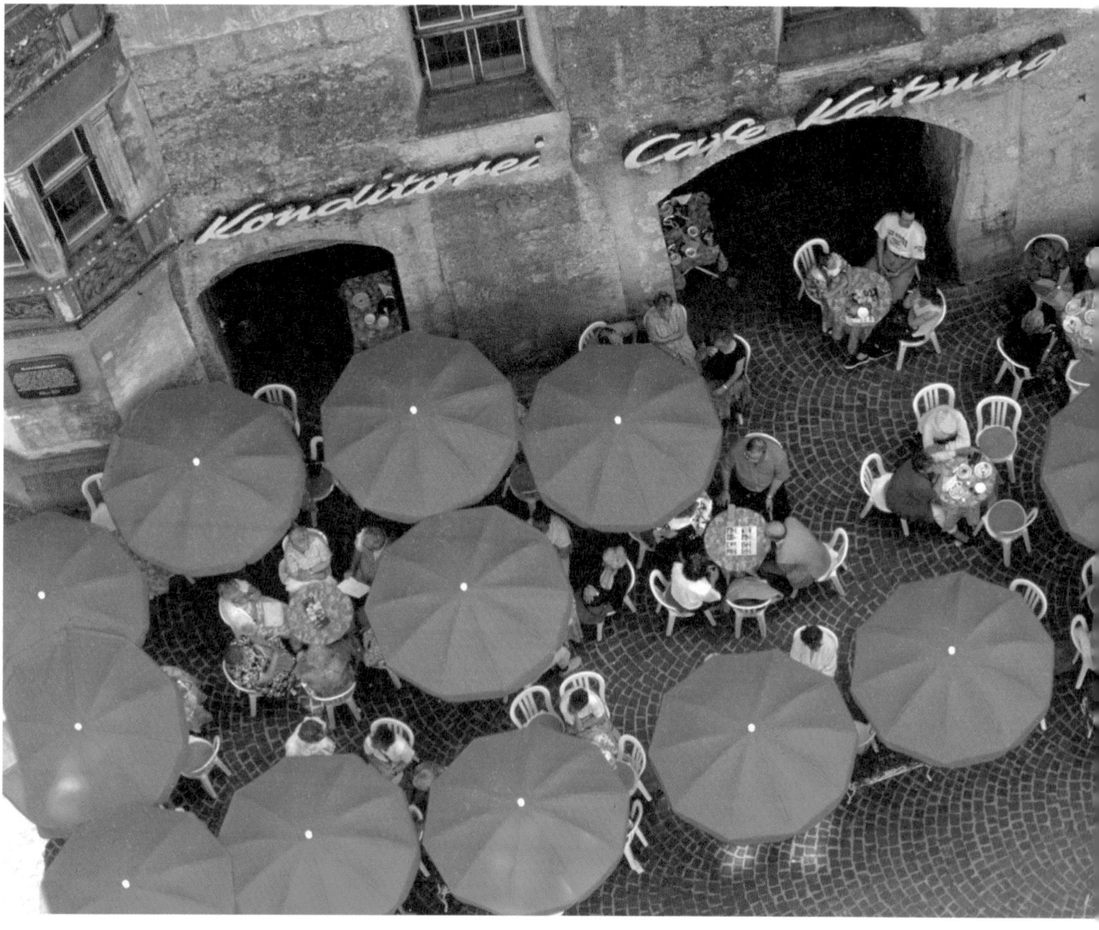

支撐在露天咖啡館上空色彩繽紛的陽傘，是茵斯布魯克的獨特風景線。

權力與版圖也正是從這裡開始走向巔峰。由於哈布斯堡家族，茵斯布魯克得以發展成為整個奧地利的中心，見證了幾個世紀的榮辱興衰。

今天，昔日的皇親貴戚早已化為歷史的煙雲，但是他們留下的輝煌壯麗的宮殿，依然閃耀著舊日的榮華。馬克西米利安一世為紀念訂婚而建造的黃金屋頂上，2738枚金箔銅板在陽光下熠熠生輝，分外奪目；文藝復興時期歐洲最美麗的宮殿阿姆布拉斯宮中，歷史的藝術品與軍事器械平分秋色，從美與戰的不同角度講述著人類的故事；霍夫堡皇宮中仿然能夠看到當年茜茜公主的衣香鬢影；安娜紀念柱上閃耀著抵禦外族侵略的民族自豪；凱旋門昔日迎接遠嫁而來的公主，如今向廣大的遊人敞開。街道上更是隨處可見各種舊日風格的建築，哥德式、巴洛克式、文藝復興時期的樣式鱗次櫛比，搭配得宜。漫步在這樣透著歷史氣息的建築之中，抬頭便能看到阿爾卑斯山上積年的白雪，耳畔響起一陣清脆的馬蹄聲和車輪滾動的聲音，讓人恍惚之中穿越了時間，回到了中世紀。

茵斯布魯克在保留著驕人的歷史遺跡的同時，並沒有陷在祖先的陰影之下，它始終充滿著生命的活力。如今，這裡是一座恬靜安然的大學城，座座校園中飄蕩出書卷的香氣，引得奧地利主教也於此駐留。舉世聞名的施華洛世奇（Swarovski）水晶店總部也落戶在這座小城，依山而建的廠房與自然渾然一體。靡麗的水晶，剔透晶瑩，光線與音響等現代手段的裝點，造就出的卻是一派奇幻瑰麗的童話世界。

在茵斯布魯克，古老與活力是相融的，人們生活在這裡，既可感受到現代時尚的脈動，又能盡覽古老歷史的餘韻，尋找到心中某些遺失的思緒。

INNSBRUCK

地理位置

奧地利

名片

古典與時尚的
完美融合
皇家氣質

新天鵝堡

白◆雪◆公◆主◆的◆城◆堡

當你還是小孩子的時候，是否曾幻想過童話故事中白雪公主居住的城堡呢？是否曾幻想過在這樣的城堡裡上演著怎樣美麗的愛情？這是一個年輕國王的故事，這裡是他的世界，孤獨而迷幻的世界。這裡有他的夢，他的童年，他的愛情，他的藝術追求……

當你聽到白雪公主的故事時，是否會在心裡面猜想，這位童話中最具代表性的公主，應該生活在一個什麼樣的城堡中才合適呢？可能每個人都會在心底畫出一幅自己想像的圖景，然後告訴自己，這一切都只能夠是夢想，是童話。但是，巴伐利亞的國王路德維希二世卻固執地想將自己的夢想變成現實。這位頗具藝術天賦的國王深受瓦格納戲劇的影響，堅持在現實中建造出戲劇中所描述的白雪公主的城堡，他與許多設計名家共同構思，繪製了無數草圖，最終，搭建了屬於這座白雪公主的城堡——新天鵝堡。

冬日的晨曦，天鵝堡正從童話中甦醒。

路德維希二世將新天鵝堡的地點選擇在阿爾卑斯山脈中的富森小鎮，這裡本身就是一片童話的國度，終年積雪的阿爾卑斯山處處流淌著關於魔法與騎士的種種神秘傳說，白牆藍頂的城堡與這裡的自然景色渾然一體，藍天白雲，霧海繚繞，蒼林郁野，湖水如鏡，城堡中無數天鵝的形象，恣意地翱翔在如此的蒼翠山水之中，隨著季節的變化，為城堡添上不同的風采。

城堡的內部是屬於王室的豪華與優雅。不必細說國王起居室中那張花去了十四位工匠兩年心血的哥德式雕花木床，也不必去描述帝王大廳中那讓人心生敬畏的綴滿燦爛秋天新天鵝堡是最美的。

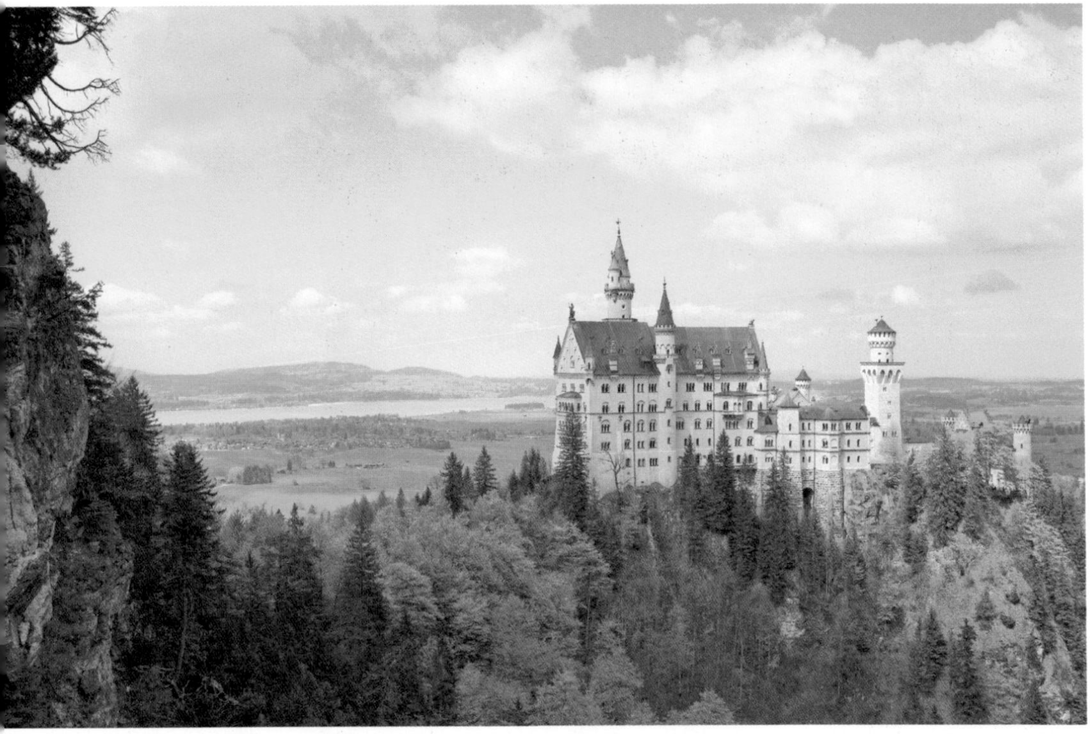

星辰的象徵藍色天幕的穹頂，或馬賽克鋪就的象徵豐饒大地的地板，更不必去猜測那尚未完工但已巧奪天工的人造鐘乳石洞，單單是寬敞的僕人房中古樸的橡木傢俱已經昭示了皇室的榮耀。

也許，因為這座城堡本應該就屬於夢境，要想在人間構建它，也許是癡人說夢。為了修建這座城堡，路德維希二世花費了太多心血，當然，也花費了太多的財力。因此，舉國上下一片嘩然，如此揮霍的人顯然不適合成為一個國家的國王。路德維希二世因此被廢黜。三天後，他溺死於城堡附近的湖中，他殺、自殺還是事故，無人可知，這位國王也如同童話一樣縹緲而去。

有趣的是，雖然路德維希二世因為新天鵝堡而被廢黜，但是新天鵝堡，這座可以被稱為罪證的城堡，卻未被人們遺棄，之後還有許多人不斷地經營修繕它，城堡的建築之中，很明顯能夠看到不同時代的痕跡。也許，這是因為每個人心中都潛藏著那個屬於童話的城堡，希望有機會將它變成現實，於是，巴伐利亞後來的王室摒棄了那些政治上的成見，將自己的夢想疊加在路德維希二世的夢想之上，完善，填充，構築了今天的新天鵝堡。

NEUSCHWANSTEIN CASTLE

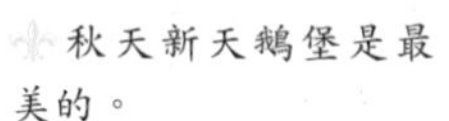

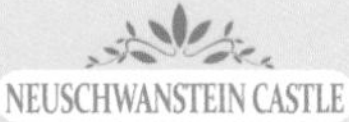

地理位置

德國

名片

王子和公主的愛情

格拉斯

聞◆香◆識◆小◆鎮

或許，你曾經以為世界上最好的香水都產自時尚之都巴黎，但你錯了，世界的香水之都在法國南部的小鎮格拉斯，Chanel N°5、Dior、Kenzo、CK……這些最著名的品牌都來自這裡。

法國戲劇大師莫裡哀曾經說過：「一個沒有香味的世界，就是一個沒有生命的世界。」那麼，一個充滿了優雅與濃郁香味的地方，所散發出來的生命力定然格外鮮活與蓬勃。因此，在這個世界上，便沒有任何一個地方的生命力能夠與格拉斯相提並論。

格拉斯，這座法國南部的小城，依偎在阿爾卑斯山下，高山上積雪的融水灌溉著這片沃土，地中海吹來的徐徐暖風輕拂著這片田野，一年四季充足的陽光照耀著這片大地，讓這裡春夏秋冬都鮮花爛漫。嬌美多情的玫瑰、高貴優雅的百合、清新淡然的茉莉、詩意朦朧的薰衣草、迷迭香、百里香、紫羅蘭，數不盡的花朵在這塊上帝賜福的土壤上吐露著芬芳，激發著香水大師的靈感，讓格拉斯成為了世間最美麗的味道的發源地，吸引著追尋愛與美的世人。每年5月的玫瑰節以及8月的茉莉節，人們精選出最美麗的花朵、最迷人的花香，萃取出芬芳的精華，散播到世界的各個角落。

香水大師們剛剛萃取出來的各色香水。

從17世紀開始，格拉斯就是整個法國、整個歐洲、也是整個世界的香水之都。今天格拉斯的香水博物館中依然展現著當年香水製造的過程。清晨，少女從花田中採擷帶著露水的花朵，工人們用各種奇形怪狀的煮鍋、滾筒提煉萃取出花朵深處含有的香精，調香師搖晃著各種瓶子，調配出最迷人的香氣。今天，由於科技的提高，許多工藝已經發生了變化，但是格拉斯始終保持不變的是對香味的執著與追求。1噸茉莉花只能提煉出1升的精華油，1公頃的薰衣草也只能搾出15磅的香精，香水師們會花上幾個月甚至幾年的時間沉浸在無數種香味之中，然後試驗出一個新的配方，這樣的千錘百煉，才讓格拉斯的香氣醇厚迷人，充滿了生命的張力。ChanelN°5、Dior、Kenzo、CK，一個個響亮的香水品牌就是如此歷經千錘百煉，於這裡誕生，為世界上某個角落的女子添上一抹迷人的芬芳。

GRASSE

地理位置

法國

名片

香水之都

德國作家帕特里克・聚斯金德偶然到訪格拉斯，藍天碧海間這座保留著中世紀風格的小鎮中，高低起伏的石板路，曲折狹窄的巷弄，四處漫溢著濃郁的香氛，讓他癡迷沉醉，靈感大發，創作出《香水——一個謀殺犯的故事》這部震驚四座的小說，故事中讓・巴蒂斯特・格雷諾耶追尋著世間最美麗的味道，來到了格拉斯，想將這份帶著少女體香的芬芳收藏凝固，化為世間的永恆。

也許，某些味道總是會隨風飄散，但是格拉斯的味道卻香郁醇厚，歷經數百年，依然彰顯著生命的活力。

一邊嗅著空氣中的香氣，一邊感受著咖啡的醇厚，就這樣消磨時光。

阿瑪菲海岸

花◆坡◆春◆水◆路◆滿◆香

阿瑪菲海岸永遠陽光普照，對於整天待在辦公室的現代人來說，享受日光近乎是一種奢侈，更何況是在阿瑪菲這樣的美麗海灘上。阿瑪菲的海水如天空般碧藍、清澈，難怪那些領略過這裡的海邊小鎮風光的人，常常癡迷地將家都搬了來。

AMALFI COAST

地理位置

義大利

名片

漁村 陽光

海灘

看，那海浪輕輕蕩漾，心中激起無限歡笑，
旖旎風光令人奢望，花坡春水路滿香。
看，這果園一片金黃，蜜橘長滿在山坡上，
傳來一陣陣的芳香，心中充滿陽光……

一首深情款款的《重歸蘇蓮托》讓無數人在心中想像著這個那不勒斯以南的地中海畔小鎮。沿著從蘇蓮托出發的公路，一邊是海水，一邊是山崖，你將看到義大利最美的海岸——阿瑪菲海岸。

論風景，這裡是一流的；論生存條件，這裡並不算好。高聳的岩石包圍著海灘，四處是嶙峋的山體或懸崖，但是生性樂觀熱情的義大利人卻住在這裡，愛上了這裡，他們充分利用這裡的山，這裡的海，生活得其樂融融，有聲有色。

於是，一塊突出而平坦的巨石上，密密地排滿了白色的房子，構成了村鎮的主體，這些房屋背山靠海，一面面大大的窗子將地中海的無限風情納入屋中。而那些零星散布在崎嶇山路旁的小屋，亦是如此，所有的房屋都定有一面窗留給大海。從遠處望去，這些小屋如同一隻隻棲息於山峰之上的海鳥，遙望著海天盡頭的浩瀚與蒼茫。

屋前屋後，山上山下，裸露的岩石早已變成人們的田地，低處是葡萄園和檸檬樹，高處的漫坡青草則是天然牧場。即將收穫的時節裡，成熟的葡萄和檸檬在陽光下，閃著紫色的光、金黃的光，散發著清新而香甜的果香，在阿瑪菲海岸流淌。

喝一杯當地特產的檸檬酒，在寬僅容三、四人的小鎮老街上閒逛，濃得化不開的南歐風情讓人陶醉，也讓人沉迷。坐在山石的邊緣，身後是安逸而慵懶的城，眼前是蔚藍遼闊的海，一切都是如此的安寧和美麗。世界有多大？我又能走多遠？或許很多人正是在這個追問之下，選擇了永遠留下來，留在這片風情旖旎的海岸上，留在這段甘甜而清雅的蜜橘香裡。

卡布里島 *Capri Island*

塞◆壬◆的◆誘◆惑

卡布里島，又被稱為女妖島，它就如同女妖塞壬一樣散發著神秘的魅力，吸引著古往今來無數的人。傳說塞壬用歌聲吸引來往船隻，讓它們觸礁而沉，可水手們總是經不住天籟的誘惑，紛紛心甘情願地走向死亡。卡布里島就是一個具有如此魔力的小島，它是不可抗拒的誘惑。在古羅馬時代，台比留將行宮修在卡布里島的最高點，俯瞰著島上的蒼生；奧古斯都大帝東征歸來，路過這裡，立刻決定拿面積4倍於它的土地來交換這個島的所有權，然後在島上度過了10年；著名作家高爾基曾在此居住；義大利英雄加里波第長眠於此。今天依然有無數的人們來到這裡，流連忘返。

卡布里島的黄昏。

卡布里島之所以讓如此多的人眷戀，是因為它最大程度地實現了人們對於天堂的夢想。這裡氣候溫和，陽光燦爛，在沙灘上可以盡情享受太陽神的恩賜。這裡海水清澈，藍色無垠，海天一線間彷彿飄蕩著塞壬的歌聲。這裡展示著自然鬼斧神工的力量，海岸線崎嶇獨特，海水中隆起巨大而中空的礁石，彷彿一扇穿越古今時空的門般佇立，懸崖峭壁間的巖洞中閃爍著夢幻的藍色光華，在維蘇威火山的注目下更顯妖嬈。

這裡文化底蘊深沉，2000多年前維拉・喬維斯（villa Jovis）別墅如今雖只剩下遺跡，但是藍天碧海下的斷壁殘垣依然可以讓人想見當年的興盛規模。而普通人的生活在不遠處延續。蜿蜒的台階順著岩壁上下，通向雲深不知處；石灰水刷白的村莊散落在崖壁之上，肅穆淡雅中展示著當地人安靜恬淡的生活；白色質樸的別墅，半隱半現地藏匿在芳香灌木叢中，閃耀著深沉的高貴。「翁貝托一世」廣場連接著莊嚴典雅的白色古教堂，形成一座寬闊的觀景台，可供遊人眺望無限的海洋。

卡布里島就是如此，擁有自然的美麗與人工的精巧，擁有歷史的深沉與輕盈的想像，它是「愛情、夢幻與太陽之島」，是「最甜蜜的修仙之地」。

CAPRI ISLAND

地理位置

義大利

名片

修仙之地

聖托里尼島

芳◆心◆遙◆許

聖托里尼島是愛琴海上最璀璨的明珠，這裡有世界上最美的日落，最壯闊的海景，這裡藍白相間的色彩天地是藝術家的聚集地，是攝影家的天堂，在這裡，你可以做詩人，也可以做畫家。

有些人習慣將聖托里尼島簡稱為「聖島」，這個簡稱使聖托里尼從一個普通的名字成為了島中之聖，而它卻是真的當之無愧。

聖托里尼的形成獨一無二。這座彎月形的島嶼，是因火山爆發被推擠上升所形成，整個島幾乎是垂直地聳起於愛琴海之中的。聖托里尼的離島納亞・卡美尼島上傾斜達80幾度的火山口如同呼吸一樣頻繁地噴出陣陣的硫磺氣息。聖托里尼島上的一切都是火山的產物，島上獨特的黑色沙灘，就是火山灰堆積而成的。黑色、白色、紅色的火山岩，有千年前開始沉積的歷史文物，也有近年才加入其中的新丁。火山噴發的歷史，使這裡的人相信自己便是那傳說中神秘富饒的亞

特蘭蒂斯城的遺留。島嶼南面發掘出來的古代都市的遺址、精彩古樸的壁畫，昭示著古老的文明，讓人不由得對亞特蘭蒂斯的傳說重新思量。神秘，如同島上的艷陽一樣，籠罩著這座島嶼。

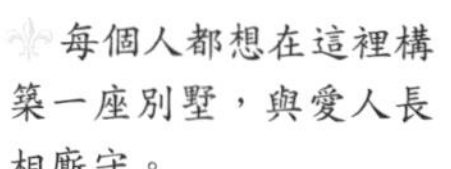
每個人都想在這裡構築一座別墅，與愛人長相廝守。

生命並未因火山而毀滅，而是如火山一樣愈發蓬勃。納亞閃爍著亮麗的黃色。火山灰堆積的肥沃土壤使聖托里尼非常適宜於葡萄的生長，品種繁複的葡萄能夠釀造出各種美味的葡萄酒，整個島嶼彷彿都沉浸在酒香之中。按島上民間的說法，聖托里尼酒多於水，而希臘的詩人伊利提斯則把聖托里尼稱做「碧藍的可以酣飲的火山」，聖托里尼的火山口之中盛著的不是鹹澀的海水，而是醇美的甘露。

伊亞是聖托里尼島一個美麗的村落，黃昏時刻，大家在威尼斯城堡或是風車旁競相欣賞著「愛琴海日落」的美麗景致。可愛的藍色屋頂襯著潔白的屋身，呈現出一股樸實和可愛，

置身愛琴海中，情思綿綿，我們早已把心默許給了未曾謀面的愛人。

令人忍不住按下快門，捕捉那一草一木自成藝術的片段。伊亞又有「藝術家的村落」之稱，街上的每家店無論擺設、裝潢都自成一格，流露出不俗的品位與格調。置身愛琴海中，情思綿綿，我們早已把心默許給了未曾謀面的愛人。愛一個人，就這麼簡單。

人們在島上修建起座座白色的房屋，與黑色的沙灘、蔚藍的愛琴海相互映襯，共同閃爍在世界上最藍的天空之下，沐浴著最美麗的日落的光輝，斑駁的色彩使得聖托里尼成為最美的所在。

但是，根據地質學家的推斷，由於地殼的運動和火山的爆發，聖托里尼也許會在今後的幾年內就如同亞特蘭蒂斯一樣，徹底消失在茫茫大洋之中。但不管明天會怎樣，這裡依然展現著最美的一切，如同曇花一樣，在短暫的生命中等待著愛人的期許。

⚜沐浴在夕陽的撫摸中，風鈴傳來愛人的訊息，情似秋波思緒長。

佛蒙特森林

虔◆誠◆的◆柔◆板

除了佛蒙特，世界上沒有哪一個地方可以連秋天都那麼轟轟烈烈。這裡很早就有人定居，但是連年和平，除了「安居樂業」4個字，似乎就沒有什麼值得大書特書的事情。

森林，茂密的樹木，搖曳的矮草，彷彿深藏著太多的故事。關於佛蒙特森林的故事，大多和詩歌、音樂有關，許多故事中的人選擇了這片森林，他們因為各種原因，來到這裡，或追慕這裡，巴托克、塞爾金、索爾仁尼琴、梭羅、死亡詩社中的基廷老師……

佛蒙特源自法語Monts Verts，意思就是「青山」。當暮年的匈牙利鋼琴家巴托克來到美國東北部的這片森林時，看到連綿的綠色山脈、茂密而幽靜的森林、山野中掩映著的小木屋，不禁念叨著「青山、青山，很好、很好」，這裡讓他想起了家鄉的山林，想起了他采風時居住過的非洲草原，於是他決定和妻子在這裡定居，安享晚年。此時，巴托克已患上白血病，在他生命的最後時光裡，最大的樂趣就是拄著他的

VERMONT WOODS

地理位置

美國

名片

燦爛金秋

草坪、楓林、木屋、池塘，這一景致實現了我們對水岸童年的夢想。

酸蘋果木手杖和妻子蒂塔到佛蒙特森林中漫步，感受森林中流淌著的美妙旋律，自然的旋律，生命的旋律。在這裡，巴托克完成了他的遺作《第三鋼琴協奏曲》，那是他獻給妻子蒂塔的愛的禮物，也是留給蒂塔深情的遺書。蒂塔在樂曲中聽出了佛蒙特的那片森林，那片倒地的白樺樹，那棵老樹樁上一排排整齊的由啄木鳥啄出的半圓形小孔，那裡面吐出了淡綠色的嫩芽，生命的旋律永不止息。

佛蒙特森林最美的時節在秋天。每到秋季，佛蒙特的秋葉從北向南，經歷著由綠到黃，到橙黃、鮮紅、深紅的歷程。佛蒙特的楓葉之美，讓隱居的梭羅動過離開瓦爾登湖的念頭。那年，一個朋友從佛蒙特寄來的信裡藏著一片剛剛轉紅的楓葉，他在答信中對朋友說，佛蒙特的某處山谷或許才是更加適合自己的永久居所。疏於行動的梭羅最終沒有動身，卻為佛蒙特的楓葉留下了幾行詩句：「漫天楓葉／葉子衰老了，死亡了，凋零了／卻美麗得如同孩子的心／可我知道／那是末世的燦爛光彩／夕陽下的紅葉／在一陣迅疾的風裡，在我的哭泣的呼吸裡／轉眼間蕩然無存。」

在佛蒙特森林，生活就是一首詩。

1974 年，索爾仁尼琴被蘇聯最高蘇維埃主席團宣布剝奪其蘇聯國籍，並被驅逐出那片他深愛的土地。先後流亡西德和瑞士的索爾仁尼琴最終在佛蒙特森林停下了自己漂泊的腳步。「只要還能在雨後的蘋果樹下呼吸，就還可以生活」，佛蒙特森林以其特有的方式撫慰著這位流亡作家的心。20 年後，索爾仁尼琴終於回到了自己的故土，並在晚年獲得了極大的榮譽，坎坷的一生最終有了一個圓滿的收場。不知道在他最後的時光裡，是否會回想起那些在佛蒙特度過的秋日午後：腳下踩著鬆軟而略帶潮濕的泥土緩緩步入森林；陽光大多被深密的森林遮住，偶爾從雲杉樹的針狀葉間灑落出細而散漫的光柱；地面上年深日久的落葉層散發出腐殖質清新而濕潤的味道，落葉上除了松鼠、野兔或小鳥的足跡外，看不到人的足跡；四周靜悄悄的，只有自然的怡然輕響……

佛蒙特森林靜靜地站立在世事變幻的邊緣，給每一顆投入它懷抱的心靈以無私無言的慰藉。或許，是佛蒙特森林選擇了這些故事，而不是故事選擇了這片森林。

夏威夷 Hawaii

美◆麗◆和◆浪◆漫◆的◆代◆名◆詞

夏威夷是什麼？是離最近的大陸也有4000千米孤懸海外的群島？是火山噴發形成的含有132個小島的火山島？是悠揚歡快的四絃琴、熱情奔放的草裙舞和夏威夷花襯衫理所當然的發源地？是包括貓王在內的眾明星的「私奔」聖地？是《侏羅紀公園》、《金剛》、《迷失》的拍攝地？哦！一言難盡的夏威夷。

夏威夷，太多地方可以玩，太多主題活動，太多娛樂活動，似乎一年裡的每一天都是節日，每個地方都是歡樂的人群。你所能想到的這裡幾乎都有，這是全世界遊客共同努力的結果。

有人說夏威夷是太平洋的十字路口，也有人說是世界的十字路口，十字路口就是一個交匯的所在，而因為有了紅綠燈，又不至於衝突，夏威夷的紅綠燈就是這裡寬容和開放的精神。

據1990年美國人口普查數字顯示，來自亞洲或太平洋各島上的人占夏威夷110萬人口的62%。這裡似乎真的成了個地球村，據說，夏威夷島上每三個人中就有一個「混血兒」，生活在這個島上的人，似乎天生就知道如何與其他文化和諧相處。

不過，比上述一切更讓人心動的是這裡奇特的自然景觀和原始風貌的保存。於諸多的熱鬧之外，竟然仍能找到未曾被「開發」過的地方，找到純粹的自然景觀，找到一片可以供你獨自欣賞夕陽下的大海的絕美海灘，這兩者的融合簡直不可思議。

夏威夷海灘以其獨特的熱帶風情，吸引著全世界各種膚色的遊人。也許你一回頭就會看到某位好萊塢大牌明星，而與你擦身而過的那位老者沒準就是一位政要或富豪。威基基是夏威夷海灘的代名詞，長長的海岸上鋪滿了白色的細沙，陽光透過厚厚的雲層灑落到海面上。從高處俯瞰，藍中帶綠的海面透明得能夠看清海底的礁石，遠處的海水藍中帶黑，深不可測，再遠處不時有白色的豪華巨輪緩緩駛過。沙灘邊高大的棕櫚樹下，精緻的小道邊，修剪整齊的草坪上，散落著一個個散發著濃郁香氣的燒烤台。傍晚時分，縷縷炊煙從林間升起，暖暖的清風夾著烤魚蝦的香味，帶有強烈節奏感的音樂順著海風傳到沙灘上，向遠處的人們傳遞著溫馨的氣息。

夏威夷的奇觀多由火山造成。冒納羅亞火山每隔若干年噴發一次，熾烈的熔岩

HAWAII

地理位置

大洋洲（屬美國）

名片

陽光 大海
鮮花 美女

幸福的夏威夷女孩，她們戴著各色花環，穿著草裙，盡情地遊樂。生活在這裡怎麼會有憂愁呢？

從山隙中緩緩流出，一路流向大海。火熱的熔岩碰到了滔天的海浪和海風，水與火的對決不可避免，最終熔岩凝固成岩石，保持著與海水對抗時的姿勢，如上翹的舌頭，而一排這樣的岩石擠著排在一起的樣子，則被稱為「龍牙」，森嚴而略帶詭秘，充滿了力感的美。還有一些火山熔岩在形成礁石的過程中，留下了不規則的洞穴，當潮水沖擊礁石時，巨大的水壓會讓這些洞穴噴出水來，巨浪前赴後繼地席捲而來，砸在黑色的崖壁上，如同一隻怪獸，發著震耳欲聾的吼，嘴裡還噴出一道道水柱，不可不謂奇詭。

當然夏威夷的景致不僅於此，而是如同這裡的節日一樣，豐富多彩得超乎你的想像，在哈納雷國家野生動物救助基地，就有江南水鄉般寧靜優美的水田景致。

公元4世紀，一群波里尼西亞人劃著木舟破浪而至，他們給這片島嶼起名「夏威夷」，意為「原始之家」。而這裡便是最原始的家。在波里尼西亞語中還有一個詞「阿囉哈」（Aloha），意思可以是「你好」、「謝謝」、「我愛你」、「再見」，它可用於任何熱切親熱的場合。Aloha！Hawaii！

夏威夷是一副天然催情劑，情如泉湧無法遏止。

太浩湖

翡◆翠◆灣◆裡◆撈◆翡◆翠

太浩湖，一個美麗的高山湖，煙波浩渺，湖水湛藍，白帆點點，站在高處，看遠處山上的積雪，觀近處這美麗的湖景，美哉，樂哉！

翡翠灣是太浩湖最美麗的一角，她是個天使，濃妝淡抹總相宜。

在印第安語中，Tahoe的意思是大湖，而中文將它譯成「太浩」，這使人不由得讚嘆翻譯的神奇，一個「浩」字就已使人看到了一片煙波浩渺、無邊無際的湖面，而「太」的修飾，則又讓人覺得，剛才一瞬的想像也許根本不足以和真實的太浩湖相提並論。

太浩湖在加利福尼亞與內達華兩州交界處的高山之中，湖面的海拔有2000多米，四周圍繞的是更加挺拔的高山，山上鬱鬱蔥蔥的古樹與山頂經年的積雪，與藍天白雲一起倒映在湖心之中，點綴著透徹晶瑩的碧波，喚醒人們前年的記憶。一尊巨大的山岩聳立在湖邊，古老的印第安傳說這本是一位婦人，因為深深眷戀太浩湖的美麗，而化身為石，永遠守護著這一片碧波。

太浩湖被認為是「世界上最乾淨的湖」，湖水都是四周山上積雪融化或自然降水積累而成，水滴沒有經歷過任何汙穢之處，直接匯入河中，水質純淨無瑕，湖畔居民都直接將太浩湖的水當做飲用水。太浩湖的能見度可達水下24米，據說環保機構每年都會將一個磁盤沉入湖中，來觀測湖水能見度的變化。所有人都在努力地留住這片純淨的世界。

LAKE TAHOE

地理位置

美國

名片

翡翠灣

太浩湖的秋色意境悠遠。

太浩湖一般呈湛藍色，但是並非整個湖都是同樣的顏色。湖水隨著湖底高低的變化而綻放出不同程度的藍色，然而不論這藍色如何變化，它始終藍得透徹，藍得無瑕，藍得如同寶石般閃爍。湖底卵石的顏色，更透過湖水，為湖面憑添姿彩。馬克・吐溫斷定太浩湖的這一汪藍色是「世界上最美麗的圖景」。

翡翠灣，呈現出與其他地方截然不同的深綠色，這是由於這一角落的水藻相對繁茂，這深綠色是充滿生命的顏色。翡翠灣原本與太浩湖是兩個相鄰的湖，並不相連，但是數萬年間，水流暗湧，鑿穿了兩者之間的界限，將兩片碧波化為一片，這裡便成了太浩湖最美麗的一角。

太浩湖坐落在雪山的包圍之中，雖然擁有分明的四季，但是春夏秋都是十分短促的，冬季，是這裡的主題。太浩湖的冬天降雪期長達8個月，路面上的積雪常常及人膝蓋，在山風的勁吹下漂蕩起迷濛的煙霧，湖岸的樹枝也被白雪裝點得銀裝素裹。儘管岸邊充滿深冬的景象，但是太浩湖卻因為深得異常而永遠都不會結冰，白雪無聲飄落在湖面之上，消失在碧波之中，湖水有節奏地拍打著岸邊的積雪，到了夜晚，加上皎潔的月光，與岸邊點點的燈火，交映出令人窒息的美麗。

因湖而得名的太浩湖城坐落在湖畔，坐擁著面前的湖光山色，抬頭可見終年不化的白雪與藍天依偎糾纏。加州與內達華州的州界從小城的主街穿行而過，將小城分為兩塊截然不同的天地，昭顯著加州與內達華各自的烙印。別處難以齊全的兩美，在這裡卻得以融合發展。在太浩湖邊，你可以飽覽自然的美麗，更可以選擇自己想要的生活。

太浩湖的水來自四周山上的積雪和自然降水，水滴沒有經歷過任何汙穢之處，純淨無瑕。

育空地區

五◆彩◆奧◆羅◆拉

古羅馬神話裡的織架女神、掌管北極光的奧羅拉，正用美麗的極光不斷向渴望幸福與美好的人們指引著他們未來前行的方向。不知置身極光絢爛之下的異鄉者們，可曾向它許下什麼畢生憧憬的美好心願呢？

育空，位於加拿大的西北部，它的名字根據境內的育空河而來。這條大河橫貫育空高原，於高原西側注入白令海中。育空河上游水流湍急，白浪飛濺而起，酷似奔騰飛揚的白色駿馬，河畔育空地區的首府白馬市即因此而得名。

這是一條孕育著獨特北美文明的河流，遠古的印第安人認為它是「最偉大的河流」（育空一詞在印第安土語中即為此意）。18世紀的淘金熱潮從此處起步，由於黃金的誘惑，眾多具有開拓精神的探險者走入這片蠻荒，只有溯育空河而上，翻越高原上的雪山，才能到達最終的淘金點——克朗代克河。也有一些人走得更遠，他們通過庫爾奇小徑進入另一片冰天雪地阿拉斯加。著名作家傑克・倫敦在他的小說中寫盡了那個時代的風貌，他將育空河稱為「母親河」，將育空這片原始的土地當做他野性的源泉。

白馬市的傍晚黑雲壓城，這是全世界最壯觀的火燒雲。

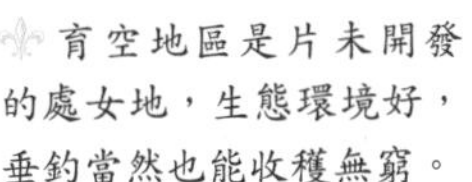

育空地區是片未開發的處女地，生態環境好，垂釣當然也能收穫無窮。

育空有10%的面積處於北極圈中，苦寒的天氣使得整個育空地區只能夠生長針葉林或苔蘚等耐寒的植被，惡劣的天氣阻擋了植物的生長，也阻擋了人們開發的腳步，淘金的熱潮過後，這裡依然是一片少人問津的土地，到了今天，儘管育空是北美地區唯一有公路可以進入北極圈的省份，但它依然是一片蠻荒之地，80%的面積均處於未開發的程度，絕美的高山、河川、荒原，始終保持著最自然的粗獷面貌，這種原始的景象總讓人疑心，冰河時代的猛馬象是否依然存在於育空的某一個角落。

在冬季沒有月亮的夜晚，抬頭望望天空，很容易就能看到五光十色、變幻無窮的極光。遙遠的蒼穹中，極光形狀千變萬化，顏色絢爛奪目，一切都如夢似幻，讓人感覺彷彿進入了天堂。因紐特人就認為極光是天界的使者引領世間逝者的靈魂進入天國的火炬，這些遠古的傳說更為這片蠻荒的土地憑添了原始的神秘色彩。

今天的育空吸引著許多熱愛自然、尋找自我的隱者。國際知名音樂人馬修・連恩七歲時第一次到育空，便被這片神奇的土地吸引，這裡自然的山水讓他的音樂充滿靈氣，他的音樂中有大量歌唱這片蠻荒土地的作品，《流血的狼》一張專輯唱盡了育空的山水。今日狼的歌聲依稀還帶著傑克・倫敦時代的野性，與勇敢的人們共舞。

洛朗第

逍◆遙◆游

寒冷的北方也有浪漫，除了長期的冬眠，人們不會忽視逍遙。北方也並非徹底的寒冷，因為它是聖誕老人最愛光臨的地方。

北方，是一個藏著太多夢幻的地方，《莊子・逍遙遊》中的鯤生於北冥，《小老鼠斯圖爾特》的最後，斯圖爾特選擇未來的路程一直向北。而在加拿大，人們習慣性地將洛朗第地區稱為「北方」。

洛朗第，魁北克最綠的地方，勞倫斯山脈在這裡聳起，聖勞倫斯河從此流過，森林覆蓋的山川自然平靜，湖泊點綴其中。夏季水上煙波浩渺，岸邊樹木蔥蘢，寧靜之中透著愜意。到了冬季，山上一片冰封雪蓋，銀裝素裹，夏季時波濤洶湧的大河頓失滔滔，造就出天然的滑雪勝地。這裡的滑雪場不用買票入場，不需排隊等候上山的纜車，那些在此間的居民興之所至，便登上滑雪板，滑向冰封的茫茫大河與莽莽高山。

而這一片逍遙之地就坐落在蒙特利爾市附近，每逢週末，總有許多心靈疲憊的人離開大都市，向北而行，不用半個小時，便能投入自然的懷抱，呼吸逍遙的空氣。

洛朗區的紅色小木屋，雖處於嚴寒之中，但屋裡卻暖氣融融。

千島湖

鏡‧子‧中‧的‧傷‧心‧愛‧情‧島

千島湖藍天白雲，清波漣漪，綠樹成蔭，景色宜人，湖邊的旖旎風光令人猶如進入了世外桃源，可謂千島碧水畫中游，令人驚嘆！

THOUSAND ISLAND

地理位置

加拿大和美國交界處

名片

博爾特城堡

許多名字是名不副實的，叫做「千」或者「萬」，不過是形容多而已，卻未必有一千或一萬那麼多。但是美加邊境的千島湖的「千」卻是一個謙虛的表達，1864個島嶼星羅棋布的點綴在聖勞倫斯河入海口。湖面風光旖旎，島嶼造型各異，島嶼間狹窄的水道迂迴婉轉，曲徑通幽。

千島湖上眾多的小島是富豪們的私人屬地，一座座風格各異的山莊錯落分布。夏天，許多人來這裡消夏避暑。冬天，這裡冰封湖面，進出雖然不便，但是卻成了許多人隱居的理想田園。縮在別墅的壁爐邊，執一杯熱茶，看窗外冰封雪飄，感嘆冬日的短促，這樣也許便是最悠閒的生活。

千島湖中最有名的島嶼莫過於心島，這座心形的島嶼，也許是愛的最佳表達。1900年一位美國富商購得這座島嶼，興建了博爾特城堡，想要作為禮物送給妻子。但是城堡尚未竣工，妻子卻不幸病逝。傷心的丈夫再也沒有踏足這個島嶼，別墅也就此停工，未完成的裝修永遠表達著一顆愛人的心，在碧波千島之中，向人們講述著真愛的故事。

千島湖上的大橋地跨美國和加拿大，溝通起了兩地的風景。

皇后鎮 *Queenstown*

追◆尋◆夢◆中◆的◆樂◆土

天下最美麗的女人才能夠當得起皇后這個稱謂，而新西蘭那個叫做皇后的小鎮，也可以說是世界上最美的小鎮。

皇后鎮處於南阿爾卑斯山的包圍之中，面臨著瓦卡蒂普湖，依山傍水，背後白雪裝點的雪山讓它端莊而肅穆，面前碧如翡翠的湖泊讓它靈動而雋永。

皇后鎮寧靜的清晨（上圖）

皇后鎮燦爛的秋色（下圖）

這裡四季分明，不同時節展現著不同的美麗。春天，山坡上百花盛開，爭奇鬥艷；夏天，藍天艷陽照耀著萬物生長；秋天，樹林披上火紅與金黃的外衣；冬天，白雪在清冽的空氣中飄落。而不論季節怎樣變換，皇后鎮周圍的山水都能夠互相映襯，長存的雪山與綠水，讓春花、夏樹、秋葉、冬雪更添姿彩。《指環王》劇組的外景地始終就在皇后鎮周圍轉來轉去，因為這一片山水，已經接近了他們想要尋找的奇幻世界。

在奇幻世界中心的皇后鎮，是一座安靜的小城，大部分建築都依山而建，錯落有致地散落在山崖之上，俯瞰著幽藍的瓦卡蒂普湖，頗有神仙居所的感覺。而公路也是依山而修，隨著山勢延伸蜿蜒，總給人山重水複疑無路的感覺；而當你走在路上，卻發現原來柳暗花明又一村，一路行來，收穫的是不斷的驚喜。城區中有不少只供行走的步行街，從湖區向山區延伸，帶著人們去領略一路的美景。瓦卡蒂普湖邊散布著許多露天咖啡館，當夕陽西下，盈盈的湖水上蕩漾著最後一抹晚霞，捧一杯咖啡，欣賞著遠山近水，這是何等的悠閒與享受。

山水帶給皇后鎮的，不只是四時的美景，更多的是種種自然的驚險。皇后鎮是一座安靜的小城，但在這裡，你也能找到最刺激的一切。皇后鎮的周圍，有高山，有急流，有峽灣，有藍天。在不破壞大自然的情況下，皇后鎮發展出了許多驚險刺激的運動。天上、水中、山間，只要你想去，沒有什麼不可以，不勝枚舉的活動，讓每一個遊客都在忙碌間感受到心靈的放鬆。噴射艇讓旅客享受在山林間清澈水域疾行的速度，筏運則讓人經歷隨波逐流的探險，而獨木舟則是一段安閒而放鬆的旅程，光

QUEENSTOWN

地理位置

新西蘭

名片

寧靜與刺激的交互

是這些水中項目，就能夠變幻出無盡的樂趣來。而如果你想飛上天，小飛機、熱氣球、滑翔傘都可以將你帶入天空的懷抱。更別說，作為蹦極的發源地，皇后鎮的高空彈跳項目，就更加讓人心跳加速了。拋開一切束縛，如同鳥兒一樣將自己完全交給天空，在重力加速度衝擊的眩暈中，欣賞周圍美麗的景致，一切的喜怒哀樂在這樣的環境中都不再重要。

我們生活中追求的也許就是心靈的平靜，而皇后鎮給了人們最佳的環境。驚險的活動、刺激的遊藝，讓人們釋放內心深處的壓力；無限的美景，清靜的小城，讓人們重歸心靈的安寧。皇后鎮，也許就是人們夢中追求的地方。

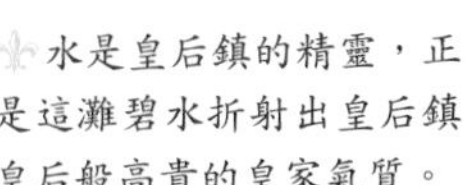

水是皇后鎮的精靈，正是這灘碧水折射出皇后鎮皇后般高貴的皇家氣質。

蒂阿瑙

新◆西◆蘭◆最◆美◆的◆湖

沐浴在早晨和煦陽光中的蒂阿瑙湖，就像一位素面朝天、不施粉黛的村姑那樣純樸秀麗，惹人憐愛。置身蒂阿瑙，恍如入夢，走進仙境。

TE ANAU

地理位置
新西蘭

名片
螢火蟲洞

蒂阿瑙並非新西蘭最大的湖，但是絕對是新西蘭最美麗的湖。它在南阿爾卑斯山脈的包圍下，如同深山女神流出的一滴淚水，晶瑩剔透而又迷離夢幻。湖內島嶼點點，如同落入淚水的塵埃，在迷濛的碧波中忽隱忽現。蒂阿瑙並不是海，但是無盡的變幻卻讓人覺得它遼闊得像海。

在毛利語中，「蒂阿瑙」的意思是「雨滴飛濺的洞窟」，起初所指是湖中小島上的一個石鐘乳洞，地下河在洞中靜靜流淌，而兩個地下瀑布卻水滴飛濺，別有一番氣象。

但蒂阿瑙最美的卻並不是這個山洞，而是「螢火蟲洞」。沿著幽深的洞穴，登上順地下河漂流的小船，駛入黑暗的深淵之中，在黑暗的盡頭，是如繁星般閃爍的螢火蟲，在無盡的黑暗中藍光點點，彷彿將人帶入了異次元。

從夢幻的螢火蟲洞走出，並非就走出了夢幻，而是進入另一個夢幻的世界。此時，蒂阿瑙湖在月色下閃動著粼粼清波，同名的蒂阿瑙小鎮在湖邊閃爍著點點燈火。天地間一片幽靜，彷彿整個世界都已經入睡。而這樣的寧靜，只有在蒂阿瑙才能尋覓到。

如此壯觀的花草世界，讓人心靈震撼，只能默默感激上天對我們的厚愛，有幸親睹花仙子的芳顏。

大溪地

上◆帝◆的◆天◆堂◆小◆鎮

電影《幸福的大溪地》向人們展示了一個夢幻般美麗的太平洋小島，那裡如同天堂一般種滿了一種名叫幸福的植物。而畫家高更在大溪地的山上手拿畫筆，望著自己眼前如畫般的美麗景色時，心中也一定洋溢著幸福的感覺。

在1891年4月4日，43歲的後印象派畫家高更來到了南太平洋上的一座小島，島上叢林茂密，溪水靈動，淳樸而善良的島民還過著原始社會的生活。高更彷彿進入了原始的樂園，一下子被這裡的一切深深吸引住了。他在島上停留兩年，拚命作畫，兩年後回到巴黎舉辦畫展，可惜曲高和寡，賞識之人甚少。而高更卻並未因此改變對那個樂園般的小島的熱愛，1895年，他重返該地定居，直至1903年逝世。

TAHITI

地理位置

大洋洲（屬法國）

名片

高更的靈感源泉

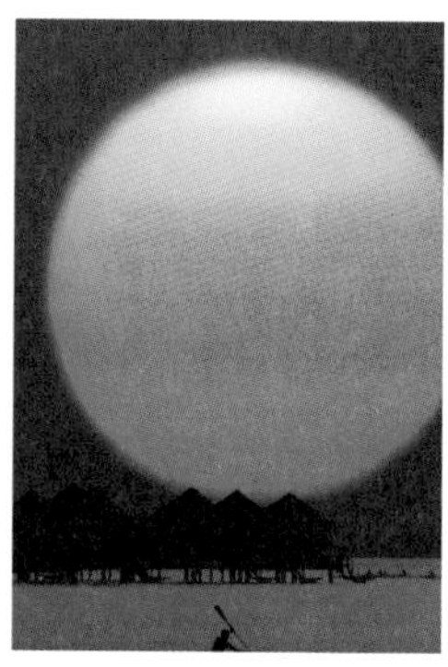

最美麗的日落，這大概是只有天堂才能見到的景致。

之後，他以小島生活為素材的作品終於得到人們的承認，畫作散發出令人振奮的光芒，讓許多人都對畫上的島嶼心生嚮往。這座島嶼便是大溪地。

大溪地島如同兩片荷葉，安然漂浮在南太平洋的海水中。島上山峰高聳入雲，瀑布從峭壁飛流直下，落入碧綠的淵潭之中，激盪起璀璨的大珠小珠。小溪從山上蜿蜒而下，一路歌唱著島嶼的美麗，最後將沿途的見聞傾吐給太平洋。大溪地島上的水如此靈動，因為這裡就是溪水構建出的天堂。

在如此水土的滋養下，高大的椰子樹恣意生長，下垂的樹葉如同害羞女孩的長髮，迎著南太平洋的海風招展。成熟的芒果與木瓜散發著芬芳淡雅的香氣。綺麗的熱帶風光中，排排屋頂鍍錫的茅草房，在陽光下熠熠生輝，綻放出與太陽相同的光芒。

茅草屋內，便是島上的居民。這裡的人皮膚黑裡透紅，體態健美，性情豪放，能歌善舞，過著衣食無憂的生活，常常無所事事地望著大海遠處凝思，一望就是一個下午。日復一日，陽光跟著太平洋上吹來的風一同到來，海水的顏色也由幽深到清亮。他們管自己叫「上帝的人」，大溪地便是「最接近天堂的地方」。

高更便是被這樣的美景與生活迷住，不顧一切來到這裡，在茅草屋裡與心愛的大溪地少女相對而坐，素色的小花簪在少女的髮髻裡散發著誘人的芬芳，激發了高更的藝術靈感。高更於此畫畫，生活，感受著這片人間天堂絢爛多姿的自然風光、淳樸原始的人文氣息。他返老還童，開始熱烈追求歡樂和享受，過著和土著人一樣的生活，迷戀有刺激性的人生樂趣和藝術格調，並創作了大量以大溪地島和大溪地人為主題的作品，也奠定了他的「藝術風格」。除了這些畫作，高更還寫下了一本手記，名字叫「諾阿諾阿」，諾阿是大溪地語，意思是「香」，這個名字翻譯過來就是「香啊香啊」，這是什麼的味道呢？陽光？海水？椰風？熟了就自己掉下來的熱帶水果？還是大溪地島上散發出來的人間天堂的味道？

大溪地的夕照像給世界裹上了一層金箔，在上面可以照出影子。

北海道

東◆方◆普◆羅◆旺◆斯

北海道素以滑雪和誘人的海鮮而聞名於世。但北海道還有另一種美麗，那就是富良野的薰衣草。整片整片的薰衣草花海遍布於高低起伏的丘陵地帶，連空氣中都充滿了淡淡的花香，充滿了童話般的氣息。

地理位置

日本

名片

薰衣草 深秋
雪國

北海道，寄托著太多的「鄉思」。第一次來這裡的人，看到北海道的山川湖泊，飛鳥走獸，聞到北海道的空氣，怕是要驚訝於心頭的那種回歸感，這個以前從沒涉足過的地方怎麼會讓自己如此熟悉而感動？於是，在北海道的召喚中，人們一次次地回到這裡，它是心中最初的家園。

北海道，一個一年四季都能給人驚喜、令人沉醉的地方。人們給了北海道兩個美麗的別名「雪國」和「東方普羅旺斯」。北海道的冬天很長，北海道的冬天很美。遠處的雪山靜穆而聖潔，一望無垠的原野上，萬物皆休憩於厚而綿軟的白雪之下。從西伯利亞漂流而來的流冰在鄂霍次克海上暫

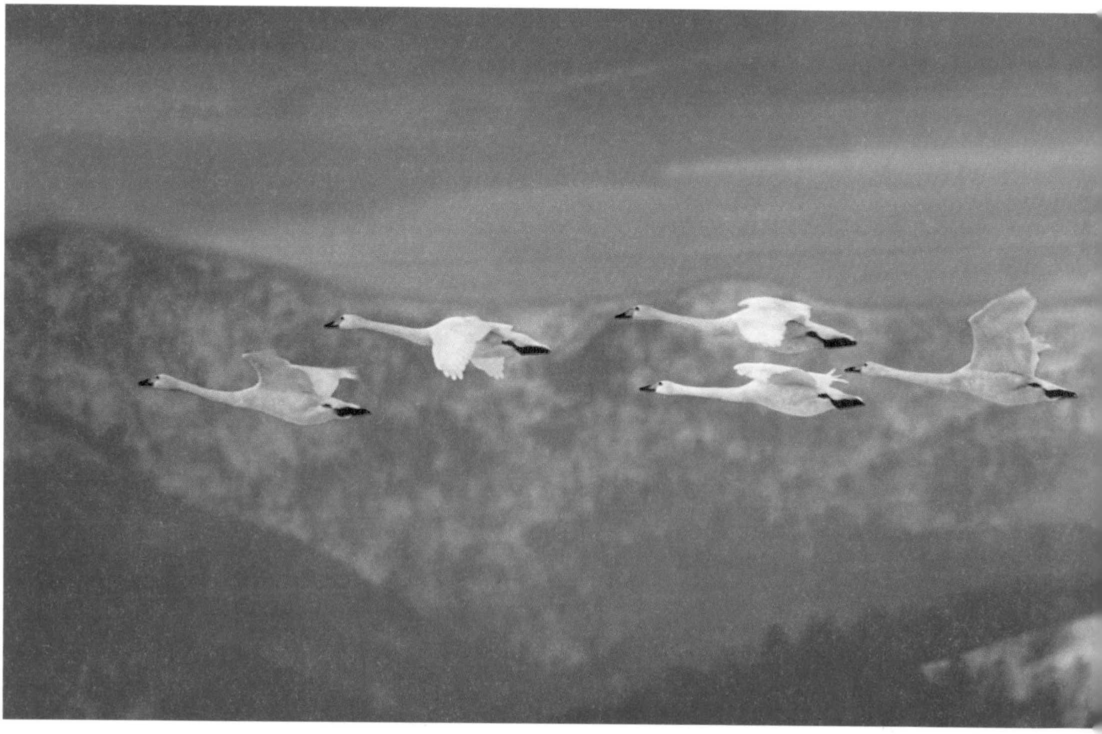

時安頓下來，成了動物們的遊樂場。

雪白的海鷗在空中滑翔，優美的天鵝一家在冰雪之上悠然漫步。最美的要算丹頂鶴了，這自由飛翔在山林沼澤之間的靈鳥，此時是這雪原上的舞者，頭上的一點紅和翅尖的黑色翎毛鮮明地勾畫出它的輪廓，翅膀的扇動下，細膩蓬鬆的雪粉紛飛如霧。幾聲清越的鶴唳震動了皚皚白雪覆蓋著的森林，細枝上的積雪撲簌簌地落下，驚動了正在奔跑的北方極狐，它們停下腳步警覺地豎起了大大的耳朵……

北海道之春

北海道的冬天雖然清靜，卻並不缺乏活力。這裡有全日本最好的雪，自然也有最好的滑雪場，這裡還有頂級的溫泉，頂舒服的「泡湯」，四周是零下十幾度甚至20度的冰天雪地，人卻泡在36度左右的溫泉水裡，多麼神奇的體驗，怪不得連北海道山裡的猴子們也學會了「泡湯」。

北海道之冬

北海道之秋

漫長的冬季和短暫的春季之後，北海道迎來了一年中最為繽紛絢爛的夏天。漫山遍野的紫色薰衣草隨著山野的坡度，如波浪般起伏綿延，讓這片北國的野性山川多了幾分浪漫與溫柔的顏色，讓我們想起了法國南部燦爛陽光下的普羅旺斯。行走在薰衣草的海洋中，獨特而芬芳的香氣讓你獨享一場嗅覺的盛宴，伸展一下筋骨，深呼吸，「這是我最摯愛的氣息，令人身心舒暢的氣息，聞之如重獲新生」。

在浪漫的紫色外，這裡還有向日葵熱烈的黃，鄉間小屋溫暖的紅。這些小房子好像剛剛從童話裡走出來，美麗而又讓人好奇。房子的主人多是一些來自異鄉的人，他們來過、愛過，卻不想就此走過。北海道四時皆有美景，他們實在想不出哪個季節來最美，於是乾脆住了下來，從此再也不想離開，由匆匆的過客，成了此間的歸人。

馬爾地夫

戀◆上◆百◆分◆百◆的◆藍

「在這個海水天堂裡，只有你和你的愛人，還有馬爾地夫……」這是馬爾地夫曾經在國內發布的一則廣告。在遙遠的海與天的交界處，停泊著一艘有藍色船舷的白色帆船。這美麗的畫面加上極度浪漫的廣告詞，讓我們深刻感受『這就是天堂』的感覺。

說到海德堡，人們會想到，那是讓歌德丟失了心的地方。說到巴黎，那是雨果生命的一半——雨果曾說：「我生活中有兩件大事，就是巴黎和大海。」

那麼，說到馬爾地夫呢？也許我們會說：「那是麥兜最想去的地方。」麥兜說：「馬爾地夫，藍天白雲，椰林樹影，水清沙白，是坐落於印度洋上的世外桃源。」

不知道從何時起，許多待嫁的新娘們都像麥兜一樣近乎怨念地愛上了馬爾地夫，並將其作為自己蜜月度假的首選之地。你可以批判這夢想有點俗，你可以說這夢想未經過充分的調查取證，但是這些都不足以點醒一個戀愛中的女人的夢，只不過這次她愛上的是馬爾地夫。

MALDIVES

地理位置

亞洲

名片

海水與天空的美麗童話

珊瑚島們宛如灑落水面的點點星光。

就這樣優哉游哉，任時光流逝。

馬爾地夫成為大眾情人，各種媒體的大力推薦功不可沒，而媒體從來又都是只投大眾之所好，推波助瀾，人們喜歡馬爾地夫自然有他們的道理。「藍天白雲，椰林樹影，水清沙白」，麥兜的概括既不全面也不具體，這12個字本身其實很不生動，生動的是麥兜迫切的嚮往和美好的想像，將天之藍，雲之白，椰林之樹影都推向了極致。而馬爾地夫最難能可貴的，是當你懷著這極致的想像來到這裡時，你感受到的不是夢想的落空，而是自己想像力的貧乏：沒有赤腳在馬爾地夫海灘上行走過的人，無從想像它的細軟和在陽光下的閃光；沒有親眼目睹馬爾地夫的海水和藍天的人，無從想像世界上竟然有這幾千幾萬種不同色彩不同深淺不同明暗的藍；沒有在馬爾地夫未經開發的小小島嶼上攜著愛人的手漫步的人，也不可能預料到自然之美能將戀人之愛淘洗得如此澄澈寧靜。

然而，自然之美，最美在其無法窮盡，無法預料。很多人懷著周遊世界、遍歷美景的願望或野心，卻很少有人敢說自己得償所願。你是否注意過一縷陽光是怎樣化腐朽為神奇，將磚石瓦礫、衰葉孤草變成了晚風中最動人的油畫？追求窮盡「美」是沒有意義的，我們能做的只是感受美。面對同樣的風景，懷著不同心境，不同期待的人會有截然不同的感受。當麥兜走在香港郊區的那座公園裡時，他真的以為自己到了馬爾地夫，他的幸福感遠遠超過了同行的其他旅人。所以，有情有愛，有希望有夢想，才是最重要的。

如果你能實現夢想，來到馬爾地夫，請忘記日常的種種瑣碎煩惱，不要辜負這天賜的美景；如果你不能在短期內實現這個夢，請開心地做一回麥兜，珍惜你身邊那個天賜的她。

雪嶽山

蜜◆月◆之◆旅

我們喜歡鳥語花香的春天，更喜歡秋高氣爽的秋天，迷人的秋景使我們陶醉。如果想欣賞到真正的秋景，就麼就去爬山吧。如果是帶著你的新婚妻子，那麼就去雪嶽山吧。

SEOROKSAN

地理位置

韓國

名片

韓國第一山

蜜月肯定是人一生中最甜蜜的時光，尋找一個世外桃源來度過這段甜蜜的時光，是每一個人，特別是每一個女人的夢想。而許多韓國女人實現夢想的地方就是雪嶽山。

雪嶽山位於東海岸的北端江原道，是朝鮮半島的主幹「太白山脈」中最高的山，也是韓國最漂亮的山。雪嶽山下的束草市便是知名韓劇《藍色生死戀》的拍攝地，片中山景便是取自雪嶽山。

雪嶽山的主峰大青峰周圍環繞著數千個被白雪覆蓋的小峰，積雪與天上的白雲融為一色。此雪，此嶽，此山，皆令人心動。山中四時分明，各有各的風情。春天萬物復甦，山花爛漫；夏天則可以到山下束草的海水浴場享受溫暖的日光和海風；秋天滿山遍野被紅色的楓葉點燃；冬天白雪皚皚，溫泉散發著熱氣，溫暖人心，而與眾不同的五色溫泉變幻的顏色更顯得浪漫異常。在這樣的山嶽之中，無論是滑雪還是攀岩，或者只是信步而行，都能夠收穫無數。在蜜月中來到雪嶽山，定下永恆的生死之戀，幸福也許就在那一刻開始了。

雪嶽山上瀑布眾多，溪流縱橫，五色藥水溫泉和仙女湯瀑布是其中最著名的。

西迪布薩德

藍◆色◆海◆洋◆心

如果在這個世界上可以任意穿梭時空，選擇一個美麗的地點對你的愛人說『永遠』，那麼就到西迪布薩德來吧，它的美可以把任何枯燥的語言融化成為一首最動聽的歌曲，去澆灌一棵即便已經在逐漸枯萎的愛情樹。

提到突尼西亞，大多數人想到的也許是歷史的斷壁殘垣，在空曠的沙漠中，展現著已經成為過往的聲色犬馬；清新、淡雅，這樣的詞語大概跟突尼西亞是無緣的。而實際上，突尼西亞一個名為西迪布薩德的角落，卻用現實的景致詮釋著何謂淡雅的美麗。

西迪布薩德小鎮雖小，但卻與突尼西亞這個國度一樣，

SIDI BOU SAID

地理位置
突尼西亞

名片
北非最美麗的村落

西迪布薩德古老的磚坯牆壁和台階。

有著悠久的歷史。據說早在13世紀，為了躲避宗教迫害，很多西班牙人從伊比利半島渡過地中海遷徙到達這裡，在地中海的懸崖之上安家，修建出了幾百年後突尼西亞的王牌風景。

西迪布薩德小鎮之中，兩三層的平頂屋隨著山勢錯落分布，層層疊疊地展開，高高低低，將人引入白色與藍色構築的童話世界。所有房屋的牆壁都是純淨的白色，而所有建築的門都是藍色的，窗是藍色的，簷是藍色的，欄是藍色的，路燈是藍色的，長椅是藍色的，天空是藍色的，在房屋白色主體的間隙中偶然浮現出的地中海，同樣是藍色的。這些藍色耀眼而動人，將西迪布薩德打造成了一座名副其實的「藍色小鎮」。而那些藍色的門窗的製作工藝古樸而細緻，融合了安達盧西亞與阿拉伯的建築風格，講述著沙漠與大海盡頭神秘的美麗。

據說因為地中海沿岸天氣炎熱，當地的居民才選用了白和藍這兩種淡雅的顏色，以利於房屋的散熱。也許正是由於大自然不經意間的安排，讓這份藍白相間的單純和寧靜，引得許多人捨棄繁華的都市，來到這裡尋找失落已久的愛和夢想。西迪布塞的美可以喚醒沉睡在心底的種種感動，可以澆灌出最美麗的愛。

而花，也許是傳達心底的愛的最佳媒介。在西迪布薩德，各種花卉恣意生長，綻放著自已的生命。一叢叢茁壯的仙人掌展現著熱帶的風情；白色的茉莉、紫色的丁香，花瓣相吐露著艷粉色的芳華，從白色的牆頭或藍色的窗下探出頭來，為藍白色的小鎮帶來一抹俏皮的色彩。而這裡愛花的人不只是多情的少女，這裡的男人也同樣非常愛花，在花朵的芬芳之中，享受著恣意的生活。

種種浪漫的色彩並未將西迪布薩德壟斷在人間煙火之外，這裡也有世俗的歡樂，繁花之下，是小鎮真實而平淡的生活。山頂上能夠眺望全鎮景致和大海的露天咖啡館，也許是西迪布薩德最熱鬧的地方，三三兩兩、面露幸福的異國男女坐在不知是用什麼砌成的長條椅子上，手執一杯濃郁的阿拉伯咖啡，或是香甜的薄荷茶，沐浴在地中海的微風中，興之所至，自然而歌，歌聲穿過綴滿繁花的小巷，悠揚綿長，與藍白色的小鎮一樣，透著安定幸福的顏色。

鮮花在白牆藍門的映照下更顯喧鬧。

閑看庭前花開花落

——悠然自得賦閑情

——Chapter 03

列支敦士登

世◆外◆桃◆源◆的◆標◆本

這個國家只有10間單人牢房，那些自認為犯罪比較輕的人往往會主動走到這裡，住上幾天，反思一下就可以出去了；最嚴重的犯罪服刑期也只不過幾個月。這個恬靜平和的國家就是列支敦士登。

LIECHTENSTEIN

地理位置

歐洲

名片

阿爾卑斯山
避稅天堂
富裕生活

列支敦士登，如同飄落於瑞士和奧地利之間的一片狹長的樹葉，背靠歐洲最壯觀的山脈阿爾卑斯山，枕著歐洲文明的母親河萊茵河，在兩國的夾縫中安然而生。小小的國家只有160平方千米；人口不足4萬，其中還有1/3是外國人。據說在奧地利境內點燃一支香煙，慢悠悠地開車由東向西穿越列支敦士登到達瑞士境內，手中的煙蒂上還存著一縷餘煙。

列支敦士登的首都瓦杜茲城靜靜地安臥在萊茵河東岸的阿爾卑斯山腳下。雖然說是一個國家的首都，但是全城卻僅有一條南北走向的500米長的大街和幾條小巷。整座城市遍布紅頂白牆的小樓，在阿爾卑斯山上五顏六色的叢林映襯下，顯得清新淡雅。城內人車稀少，僻靜安寧，世外桃源般的仙境給整座城市罩上了一層神秘色彩。

大公住的城堡，它也是一座私人博物館。

走在瓦杜茲的街頭，帶著萊茵河谷水汽的阿爾卑斯山山風拂面不寒，周圍是清新雅致的建築和街道，古樸和現代的建築風格結合得相得益彰。隨意走進一家路邊的餐館、書店、花店，漫不經心的隨意布置都流露出典雅和情味。街道地面上鋪著大塊的方形花崗岩，每隔不遠，便會有一張郵票的圖案，時刻提醒著你正處在世界上的郵票王國之中。在德語中，「列支敦士登」是「發亮的石頭」的意思，而瓦杜茲主街上這一塊塊郵票點綴的石頭，都散發著特別的光芒。

這個小國，也經歷過歷史的血雨腥風，最終成為永久中立國，不再受戰爭的紛擾。這裡沒有軍隊，幾十個警察和幾隻警犬大多數時間都忙於維持遊客秩序；內閣成員不拿薪水，只領車馬費；王室成員自食其力，不但不拿納稅人的錢，還要給政府和議會出資。這樣的政府是出名的勤政、高效與廉潔，列支敦士登在他們的治理下一派欣欣向榮。

在歐洲的繁華喧鬧包圍中，列支敦士登清幽的環境、淳樸的國民、恬淡的生活，就如同世外桃源，讓人感覺如在天堂。

鳥瞰列支敦士登，田園就像一幅壁掛。

盧森堡

歐◆洲◆最◆美◆的◆露◆台

盧森堡雖小，卻蘊藏大美。在這樣的袖珍國度裡，一條峽谷，幾座古堡，數拱石橋，簡簡單單的幾筆就勾勒出一幅青綠山水畫卷。

LUXEMBOURG

地理位置
歐洲

名片
「千堡之國」

盧森堡是一個國家的名字，也是這個國家首都的名字，無論國家還是城市都糾結著千年的動盪。

昔日那些兵戎相見的君主們也多成了教科書上的名字，肩並肩沉默地躺在一起。不過，有一個人的名字還會時常被提起，他就是古羅馬帝國的西烈弗魯克伯爵。1000多年前，西烈弗魯克來此勘查地形，這片兵家必爭之地上哪塊土地最適合修建堡壘呢？他一眼看到了奔騰的阿爾澤特（Alzette）河和佩特羅斯（Petrusse）河交匯處那片易守難攻的河灘，就是這裡了。隨即，他在這裡建起了「千堡之國」的第一座城堡。

伯爵的選擇並沒有擋住軍隊的入侵，在其後的千百年間，這片土地幾易其手；但是，他的這個選擇卻成就了一座「歐洲最美的露台」。巨浪沖過，沉積下來的是許許多多的城堡，各式各樣的房屋，德國人的哥德式，荷蘭人的羅可可式，法國人與奧地利人的後巴洛克式，甚至地中海風情的西

盧森堡老城區幾乎沒有現代建築，仍然保留著幾百年來的面貌，許多城堡坐落其間，不愧為「千堡之國」。

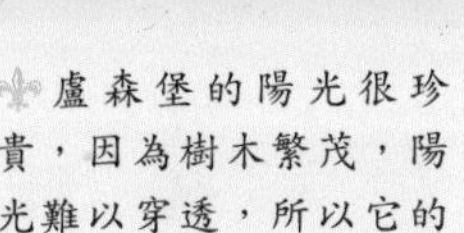

盧森堡的陽光很珍貴，因為樹木繁茂，陽光難以穿透，所以它的美也很別緻。

班牙式，這裡如同歐洲中古建築的陳列館，展現著歷史與地域的風情。今天，昔日的大河早已老成了溪流，在林木間、石塊中若隱若現。昔日寬闊的河道成了蜿蜒有致、層層青翠的大河谷。河谷成了盧森堡新舊城區的自然分界線，也成了盧森堡人最養眼的立體森林公園。站在憲法廣場上平眺，整個盧森堡盡收眼底，古老的磚牆，僻靜的深巷，深灰色、土黃色的城堡與房屋，和這裡的山融成了一體，和滿山的樹木熟稔如家人。安靜的大峽谷伸向遠方。幾座跨河大橋穩穩屹立，造型美輪美奐。最動人的還是那些磚石結構的老橋，高高的橋柱，挺拔而壯美，吸引人的視線隨之上升，也讓人的精神隨之有了凌空的豪邁之情。

　　走出老城，漫步於河谷旁的「風景走廊」，暮色中的山野森郁而蒼茫。

摩納哥

帶‧著‧憂‧傷‧去‧逃‧亡

摩納哥蒙特卡羅F1大獎賽被稱為世界四大知名汽車賽事之一，『車神』塞納和舒馬克都曾在這裡贏得他們生命中最輝煌的一刻。而對於摩納哥的居民來說，最幸福的無疑就是站在自己家的陽台上觀看比賽了。

網絡上曾經流傳著一組王家之後的照片，一個長著清朗俊逸的面容的王子，讓許多人記住了一個名字。而

2008年奧運會的入場式上，一個一襲藍衣帥氣瀟脫的旗手，讓更多的人對這個名字念念不忘。這個名字就是摩納哥。不過我們這裡說的是名叫摩納哥的國家。

摩納哥是地中海邊上的一個小國，到底怎麼小，也許可以用些數據來說明。這個國家的國土面積僅1.49平方千米，人口差不多只有4萬。摩納哥老城建在海邊的一塊巨岩上，斑駁古老的城牆，王宮前威嚴的護衛隊，羅馬—拜占庭風格的大教堂，依舊不苟地履行著自己的職責；而鱗次櫛比的豪華酒店、賭城、港灣裡隨時準備出海的帆船，則講述著摩登的故事。當地的一首民謠或許能讓人更加瞭解摩納哥和生活在這裡的人們：

「摩納哥，小得如同一個海膽，它卻把高山和大海分隔；摩納哥，建在岩石上的家園，無處撒種，不能收穫；摩納哥，有海水、陽光和智慧，我們照樣生活。」

就如同這首歌中唱的，阿熱爾山如同一道天然的屏障，生生地把摩納哥擠出了法國的懷抱，擠給了蔚藍的大海，也擠出了摩納哥的歷史和風情。

麻雀雖小，五臟俱全。這裡有著令人讚歎的王宮、教堂、海洋博物館、奇花異草園、賭宮和印製精美選題豐富的郵票，使得這片巴掌大的小國成為許多人夢中的歸屬地。電影《悔過的女人》中，伊莎貝爾·阿佳妮逃亡到摩洛哥，在那裡成就了她真正的愛情，但也在那裡憂傷地葬送了她的後半生；而現實當中，驚艷全球的老牌影后格雷斯·凱麗嫁入摩洛哥王室。這座小國，彷彿命運安排給世人的最後歸宿。

MONACO

地理位置

南歐

名片

地中海風情

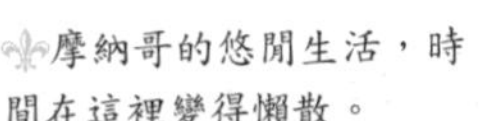
摩納哥的悠閒生活，時間在這裡變得懶散。

聖馬利諾 *San Marino*

月◆桂◆部◆落

描述聖馬利諾，有一個詞盤旋不去——天空之城。儘管這座建在山頂上壁壘森嚴的城市，外形與動畫片裡綠茸茸的可愛樣子並不怎麼像，但它們都聳立在濁世之上，為人類保留下了文明之初的那份理想與美好。

⚜聖馬利諾的生活安詳平靜，就像天上的祥雲一樣與世無爭。

聖馬利諾國土面積大約只有60平方千米，整個國家都坐落在海拔700米高的蒂塔諾山上。但這麼個方寸之地，卻是歐洲最古老的共和國，曾讓拿破侖折服。當年拿破侖縱橫歐洲，誰也不放在眼裡。一天，拿破侖發現義大利國土內竟還有這麼個國中之國，當即讓人找來這個小國的首領。不料，一番談論之後，拿破侖不僅放棄了征服它的念頭，還想再撥一些國土給它。想不到，聖馬利諾的執政長官回應：「我們的國父說過，我們不要別人一寸土地，也不給別人一寸土地。」這位國父的名字，就叫做聖馬利諾，一位流亡至此的石匠。

聖馬利諾的民主體制清冽得如同蒂塔諾山頂的空氣，它是當今世界上最古老的共和國，由兩名權力相等的執政官共同掌權，任期半年，不能連任，3年後可再次當選。如今，在聖馬利諾，路不拾遺，夜不閉戶；加油站的油桶放在路邊，無人看守。

這座城市的建築與這裡的文明一樣，為人類發展史保留了一枚珍貴的標本。整座城市猶如一件完整的藝術品，渾然一體。蒂塔諾山的三座山峰上有三座城堡，分別建於11、12和14世紀，1320年三個城堡之間建起了一道城牆，成了古代聖馬利諾的堅固屏障。百姓們的居所是依山而建的白色兩三層小樓，由於不在一個平面上而顯得格外錯落有致。城市的公共區由王宮、三個廣場和坐落期間的幾所教堂組成。昔日的瞭望台則成為今日的鐘樓，每天清晨，清越的鐘聲喚醒這座山城，告訴人們新的一天開始了。

站在山崖旁的護牆邊，俯瞰亞平寧半島的無邊山色，足以讓人思接千古，神遊八極。古羅馬人視月桂為智能、護衛與和平的象徵，用「月桂部落」來形容聖馬力諾，最恰當不過。

SAN MARINO

地理位置

歐洲

名片

民主體制
共和

安道爾

袖◆珍◆王◆國

來到法國或是西班牙旅遊的人，向南或向北多走幾步，就是世界著名的袖珍之國安道爾公國。它是兩大國眼裡的肥肉，卻在虎視眈眈中掙扎著生存了下來。這裡是滑雪、狩獵、訪古、探幽的聖地，每年接待外國遊客的數量相當於國內總人口數的250倍。

安道爾全國劃分為7個行政區。除首都安道爾外，人口最多的行政區是與首都毗鄰的萊斯卡爾德—恩戈爾達尼。

都德曾說過：「你沒有去過安道爾那還算什麼旅行家？」這話表面上說的是安道爾，實際上是給旅行家提出了至高的要求，因為在都德的年代，要想到達安道爾，先要翻越比利牛斯山。這中間，要穿峽谷、越激流、過險灘，其難度可想而知。

即使在今天，去安道爾，也還是要在山路上上上下下，七轉八拐，走不短的路程。不過，沿途的美景足以彌補旅程的辛苦，皚皚白雪下的山峰，滿目蒼翠的山谷，還有靜如處子的高山湖泊，都慰藉著旅人的疲勞。而在這青山秀水之間，安道爾人古拙的石屋，灰色的山石壘成了牆壁，黑色的石片搭出了屋頂，樸拙得如同在這山谷誕生之初，就已經立在這裡了。

到了安道爾的市中心，景色似乎沒有剛才那麼自然而動人了，但是沿著凹凸不平的石板路，掬一捧路邊老式飲水器裡清冽的泉水品嚐，是別樣的甘甜。爬上小鎮中心高地上的那座古堡，這裡是安道爾公國的國會，伸出手摸摸那已被歲

安道爾的野外一派田園風光。

月洗磨光滑的木門，看看遠處的比利牛斯山，似乎在幾百年前的一天，時光在這裡停住了。

古老的不只是建築，還有傳統。安道爾自古被夾在法國和西班牙兩個強國之間，為求自保，只得年年進貢。這一「貢」就從13世紀到了今天，這「進貢」早已不是「臣服」的表示，而似乎成了一種古老的風俗。有趣的是，幾百年來，貢品的清單一直沒變，除了不多的錢幣外，還有「火腿二十隻，醃雞十二隻，奶酪十二塊」，就像是山民進城去走親戚。

世上有「千島之國」，有「千堡之國」，安道爾卻是「千店之國」。這裡所有的商品都免稅，成了淘買高稅率產品的天堂。每年有近900萬人來到這裡，帶走了法國的名酒、德國的電子品、瑞士的名表，帶走了歐洲最便宜的雪茄和香煙……想來，他們也會小心地帶走一片安道爾山間的野色。

ANDORRA

地理位置

歐洲

名片

千店之國

大平原

寧◆靜◆的◆廣◆袤

一位旅美學人在穿越了大平原後感慨道：『由來山色為詩魂，平陸應憐亦堪吟。灼灼物華競畿甸，盈盈谷粱溢倉廩。盡目無涯追落日，入室有思解疑雲。胸中自有丘壑在，生機勃發遍桃李。』

北美洲大陸中部是一片平原，美國人習慣性地將這一片平原稱做大平原，除了大，沒有任何其他修飾，而對於這片平原，也只能夠用大來形容。它從東到西，橫跨了近千千米的距離，而從南到北，跨越了美國與加拿大兩個國家，綿延了近5000千米的長度，覆蓋了近300萬平方千米的面積。

沿著貫穿全美的80號公路，便能夠走入這片廣袤的平原之中。在其中，目之所及是無盡的田野與平地，連輕微起伏的小坡都很難見到。無邊的平原上生長著片片的水牛草，風吹草低，野花在其中搖曳。綿白楊沿路而生，三角形葉片中散落出帶著楊絮的種子隨風飄散。這片平原是如此的廣博，身邊是溫暖的微風吹拂，頭頂是蔚藍色的天空和燦爛的高陽，但是卻依然可以看到不遠的天際，如墨的烏雲正在慢慢聚攏，無邊無際地蔓延開來。大草原上的一切就是如此神奇。

這裡曾經是印第安人的家園，今天，美國許多印第安人的保留地依然分布在大平原之上。大平原上的印第安人樸實慷慨，勤勞勇敢。他們以狩獵或遊牧為生，用獸骨、石塊製作工具，把獸皮製成衣服，從自然賜予的一切中獲得生命和力量，同時也對自然充滿了敬畏與感恩。

隨著歐洲人的遷入，印第安人的遊獵生活漸漸轉變為農業與畜牧業。今天，大平原上分布著許多農場和牧場。順著公路前行，路邊，片片廣闊的農場上，繁茂的玉米和小麥隨著穿越平原的風輕輕擺動，預告著一年的收成。而牧場的圍欄中，牛羊自由地奔跑棲息，強壯的牧場工人將曬乾的牧草捆成方塊，堆入穀倉之中。農場和牧場上的農舍掩映在莊稼中間，主人在其中過著忙碌、充實而幸福的生活。今天，大平原上的主人變了，但是勤勞和善良的生活卻沒有變化。

大平原就是如此固執地保留了許多傳統。位於平原中心的堪薩斯，被認為是美國最保守的區域之一。也許有很多堅持被認為陳舊迂腐，但是從另一個角度來說，卻體現著這片土地上人們想要追求的東西——原始。

當然，並非所有的人都對原始有興趣。小鎮上的青年很多不安於大平原上寧靜的生活，離開平原，去東部或西部的大都會尋找機會。路邊，經常會出現一些村舍，它們的門窗已被木板釘死，院落中野草荒蕪，一切都證明它們被遺棄了。大平原上人越來越少，現在，每平方英里的土地上不超過6個人。

遺棄並非就是壞事，曾經因為過度開發而荒廢的草原因此而慢慢地復甦，野牛和印第安人又在此尋找回失落已久的傳統。而很多厭倦了大都會喧囂風霜的人，也都回到這裡，從廣袤無邊的草原中尋找心靈的寧靜。

GREAT PLAINS

地理位置

美國／加拿大

名片

天然牧場

豐收

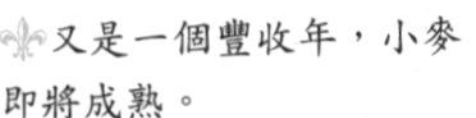

又是一個豐收年，小麥即將成熟。

維京群島

金◆銀◆島◆的◆傳◆說

維京群島像一彎柳眉，自然是它的特色。清澈晶瑩的海不會鼓起驚濤駭浪，卻自成波瀾；綿長的風不會吹到聲嘶力竭，卻持久醇厚，有如一位溫和的貴婦，彬彬有禮、不卑不亢。

在15世紀末，哥倫布探險的船隊飽經了大西洋的顛簸，向加勒比海海域駛去，這時，他看到了一片散落如一彎柳眉的小島，在清澈晶瑩的藍色海水圍繞下，海岸上的沙灘

閃耀著純潔的白光，野樹花草隨著輕風擺動。這片群島如同一位溫和的貴婦，讓遠道而來的探險者怦然心動。哥倫布脫口將這片島嶼命名為聖女（Las Virgenes），只有這樣的名字才配得上這片碧海藍天之間的天堂。

這片群島的中文名字維京從Virgenes音譯而來，不再讓人想到聖女，而總讓人聯想到另一個也被翻譯成了維京的詞語，Viking（海盜）。維京人是出了名的北海海盜，而碰巧與之同名的維京群島，也盛產海盜。加勒比海是一片充滿冒險和神秘色彩的樂園，而維京群島，則是海盜們棲息的聖地。在最有名的海盜小說《金銀島》中，吉姆·希爾法船長和海盜們就把寶貝藏在維京群島之中。

VIRGIN ISLANDS

地理位置

加勒比海域

名片

海盜的傳說

加勒比風情

今天，慓悍的加勒比海盜已經難覓蹤跡，只成為電影中的傳奇，所謂的寶藏，也被越來越多的人當做縹緲的傳說，不再相信。但是今天，卻有其他的尋寶者心繫著維京群島，一刻也沒有停止過嚮往的腳步。

維京群島最令人珍視的，是它天然的風貌。今天這裡已經是世界聞名的旅遊勝地，但是來往的遊人並沒有給這裡帶來什麼變化，這裡沒有豪華的酒店，沒有閃爍的霓虹燈。人們來到這裡，駕一葉扁舟漂浮於靜水深流的加勒比海之中，或是潛入海中，拜訪絢爛奇異的珊瑚與悠閒的熱帶魚，用最自然、最質樸的方式感受這一片碧海藍天，感受這難得的毫無人工矯飾的大自然。

富有浪漫格調的民居。

沖繩島 Okinawa

追◆尋◆長◆壽◆的◆奧◆秘

沖繩的位置、沖繩的歷史、沖繩的自然環境和風土人情，都讓人感覺有些不尋常。沖繩島現在的面貌，由當地的、日本的、美國的交織雜合而成，與日本其他地方風貌大異。關於沖繩的零散印象，似乎很難被整合到一起：沖繩是郭德剛相聲裡的琉球國；沖繩的美軍基地對此地「應縣深遠」（「影響深遠」的意思），四處可見美軍物資出售；沖繩有個大宜味村，是國際公認的「長壽村」；沖繩的路口皆立有「石敢當」，所有古跡都有濃郁的「中華特色」；沖繩的「國技」是唐手，也就是由美國大兵推向世界的「空手道」。

還有，沖繩島有全日本最大的珊瑚礁。珊瑚對其生長的海域的環境是極為挑剔的，而沖繩的珊瑚的種類比澳大利亞的大堡礁還要多。有生命的珊瑚是艷麗的，有珊瑚的大海是彩色的，靠近海岸的海水呈現著淡綠、淺藍、深藍甚至淡粉的顏色，直至歸入那片無邊的深碧。

沖繩的陽光和海水都是如此的透徹，美得讓人顧不得撫今追昔，只想縱身投入沙灘和大海的懷抱。這熱烈的陽光、美麗的海濱風景和宜人的溫暖氣候，應該是長壽村老人長壽不可或缺的條件。

按老人們的說法，長壽村的長壽秘訣是4種因素的平衡，它們是飲食、鍛煉、心理健康和社交。希臘的陽光造就了超一流的哲學家，沖繩的陽光卻讓大宜味村的老人們有了一顆陽光般樂觀堅強的心，20世紀中，更是歷經戰火而依然保持著青春活力。

不過，自20世紀40年代以來，美國文化的強勢推進，已經讓年輕人日益遠離了傳統的生活方式，吃快餐、工作加班、去各處都開車而不願走路，很多人患上了肥胖症和心臟病，「長壽村」面臨著難以為繼的危機。不知道還要再過多少年，人們才能重新認識到傳統生活方式與生活態度的可貴；又不知道要過多少年，人們才能回歸到健康的生活中去，回歸到原始的沖繩島上。

OKINAWA

地理位置

日本

名片

沖繩料理

長壽

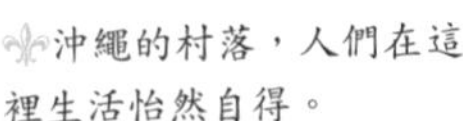

沖繩的村落，人們在這裡生活怡然自得。

不丹

最◆難◆抵◆達◆的◆人◆間◆淨◆土

不丹國王具有偉大的人格魅力，總是行走在不丹的各個地方，和人民直接交談。每個國民都可以直接上書，有意見或建議就會把書信留在他車輛經過的路邊，拿石頭壓住，等待他親自下車取走。所以，雖然不丹人很窮，但他們卻很幸福。

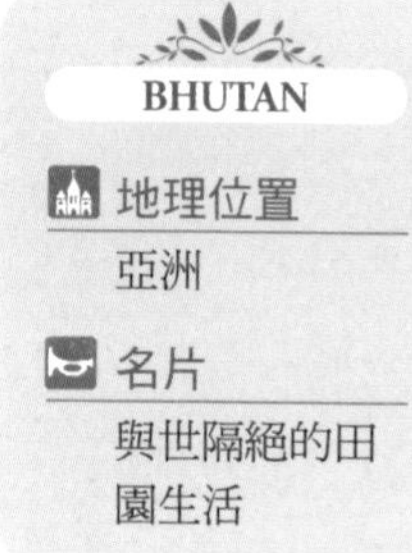

BHUTAN

地理位置
亞洲

名片
與世隔絕的田園生活

不丹，一個位於喜馬拉雅山南麓的佛教國家。藍天白雲下，彩色拼圖般的層層梯田布滿了谷底；蒼翠的山坡上錯落有致地鑲嵌著潔白的民居和寺廟，寺廟上空，彩色的經幡在風中翻飛，吟誦著信徒們虔誠的祈禱；站在半山眺望遠方，喜馬拉雅山脈的幾座著名雪山歷歷在目：康布（6526米）、崗欽塔（6840米）、瑪桑崗（7145米）、特日崗（7300米）、崗卡普松（7541米），山尖的皚皚積雪在暖融融的陽光下閃耀著聖潔的光……在藏傳佛教的典籍中，這裡被稱為「神佛的花園」。

在不丹，國民快樂水平比國民生產水平更加重要。這裡土地貧瘠，生活清苦，但是97% 的人民卻感到快樂和滿足，這裡是世界上最快樂的窮國；在不丹，99% 的留學生學成後回到祖國，只有回到這裡，他們的心才感到舒服。不丹的男女都穿國服，男性是一件式的裙裝，長度及膝，稱為幗；女性三件成套，長度及足踝，稱為旗拉。當全球化力量讓各國地方特色難以保存時，不丹人的獨特性卻強烈鮮明。

來過的人說這裡是離天堂最近的地

具有獨特造型的不丹禮拜堂。

虎穴寺是不丹國內最神聖的佛教寺廟，被譽為世界十大超級寺廟之一。

方。這裡並不富裕，但所有的人都享受著免費教育和免費醫療，少有所養、老有所終；這裡的人們熱愛自己的文化，但同時也睜大眼睛看世界，街道上的年輕人幾乎都會說英語；這裡地處偏僻卻並不閉塞，田地裡的農民們開心地打著手機，市中心網吧更是隨處可見；在這裡，沒有人炫耀財富，「超過自然的財富，其無用猶如溢出容器之水」；也不存在階級間的不平等，因為這同樣無益於真正的快樂。

在1980 年對外開放前，不丹一直過著與世隔絕的生活。即使在開放後的今天，為了保護生態環境和古老的傳統文化，當地政府仍對旅遊業有著嚴格限制——每年只允許6000名遊客入境，且每名遊客每天的消費不得低於200美元，而這卻更增加了不丹的神秘和人們對它的嚮往。

任世間風起雲湧，變化萬端，不丹雲淡風清，篤定從容，如一條源自喜馬拉雅山的清澈溪流，沿著自然的軌跡緩緩流淌。

不丹人喜歡音樂，人們能歌善舞，其舞蹈富有濃厚的宗教色彩，跳舞為宗教節日活動的重要內容。

罕薩

巴◆基◆斯◆坦◆的◆香◆格◆里◆拉

罕薩風景如畫，恬靜如詩，人們過著『日出而作，日落而息』的農耕生活，自給自足，與世無爭，雞犬之聲相聞而各家各戶長相往來。當地人幾乎從不患病，六七十歲根本不叫老人，八九十歲仍在地裡勞作，健康地活過一百歲在這裡並不算什麼稀罕事。

HUNZA

地理位置

巴基斯坦

名片

恬靜如詩

長壽

在20世紀30年代，詹姆斯・希爾頓在《消失的地平線》中描繪了一個叫做香格里拉的人間仙境，而這個地方到底在哪裡，始終存在著爭議，許多國家都宣布自己擁有真正的香格里拉。無論哪裡才是真的，一個地方敢於聲稱自己是香格里拉，必然是不尋常的地方，不是人間仙境，也接近人間仙境。而罕薩，便是屬於巴基斯坦的香格里拉。

罕薩坐落在喜馬拉雅山脈當中，周圍被群山包圍，只有絕壁上的數條小道與外面的世界相連接。直到1986年，第一批遊客才走入罕薩，看到了烏爾塔雪峰映襯下的巴勒提特古堡。這裡便是罕薩土邦王國的殿堂，清晰銘刻著罕薩700多年的滄海桑田。印度式的陽台，藏式的高牆，屋頂上天窗中透進來的陽光照射在牆上懸掛的羚羊頭上。時間彷彿已然停留在600年前，貌若天仙的巴爾蒂公主站在陽台上眺望罕薩河谷。

至今，罕薩地區依然保留著獨特的語言、服飾和習俗，他們的祖先到底來自何方，為什麼落腳在這一片神秘的山中，至今都是謎團，人類學家都沒有辦法確定。有人從當地個別家族中出現的藍色眼睛、栗色頭髮等南歐面孔特徵猜測，罕薩人的祖先可能是當年亞歷山大大帝東征的希臘士兵。

罕薩這片與世隔絕的地方，是一片上天賜福的土壤。巍峨壯闊的峰巒冰川，是青藏高原的蒼勁雄渾；然而山下，冰川積雪的融水匯成罕薩河，澆灌出一片片青翠流溢的梯田果園，充滿了蓬勃生機。散落在樹間的亭台樓閣都是由樸素的石牆木樑造就，錯落別緻，一派祥和旖旎的田園風情。

這裡一年四季美不勝收，特別是這裡的冬天，充滿了與眾不同、無可比擬的魅力，雪落無聲，漫山雪滿，在清澈的月光照射下閃動著銀光，時間與空間都在這樣的美景中失去了界限，讓人感覺遺世獨立，超凡脫俗。

這裡土地肥沃，雨水純淨，勤勞的人們日出而作，日落而息，用汗水澆灌出一片水果的王國。這裡沒有警察，沒有監獄，也曾有過稅收與保險，這片土地上生長著的人們與世無爭，健康快樂，年逾古稀的老人隨處可見，他們鶴髮童顏的面容，露著讓人欣慰的微笑。也許，是這裡的水土與氣候，所以人們才會有如此的長壽；也許在這樣的地方生活，時間本就不是重要的東西，人們本就該這麼無憂地永遠生活下去。

這裡一年四季美不勝收，特別是這裡的冬天，充滿了與眾不同、無可比擬的魅力。

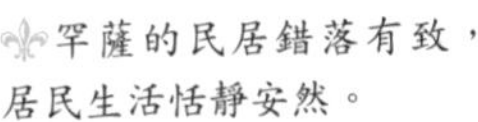
罕薩的民居錯落有致，居民生活恬靜安然。

香格里拉

伊◆甸◆園◆的◆藍◆圖

『太陽最早照耀的地方，是東方的建塘，人間最殊勝的地方，是奶子河畔的香格里拉。』在這片寧靜的土地上，有靜謐的湖水、神聖的寺院、淳樸的康巴人，一切都如人們夢想中的伊甸園。

SHANGRI-LA

地理位置

中國

名片

夢想的淨土

自詹姆斯・希爾頓的《消失的地平線》出版，香格里拉就成了一個世界性的詞彙，這個發音讓人有些摸不著頭腦但是極富樂感的詞語，已經在全世界每一個人心中成了淨土的最高境界的象徵。從那之後，很多人便都開始尋找詹姆斯・希爾頓筆下那一片神奇的淨土。2001年，中國政府宣布將雲南一個叫做中甸的地方，正式改名叫做香格里拉，從此這裡成為所有人關注的焦點。

隨意點綴的紅葉如麗人的行列，唱出最燦爛的樂章。

也許將任何一個真實的地方命名為香格里拉都是不那麼恰當的，因為香格里拉本應該是一個夢想，可望不可即，這才是夢想的魅力。但是，如果需要找一個地方，最接近人們的夢想，也許這個地方還非現在的香格里拉莫屬。

這裡被眾山環繞，金沙江、瀾滄江、怒江三江於此並流，星羅散布的湖水會在月光照射下發出靜穆的藍光。而這片土地孕育的人們也依然保持著自己的生活步調，任憑中甸改叫香格里拉，他們沒有什麼洋洋自得，只是平靜地生活在祖祖輩輩生活過的土地上。他們生活的一切都來自大地，也許「辛苦」這樣的詞語是不應該屬於生活在天堂的人們的，可是對於當地人來講，能夠生活在祖先生活的土地上，能夠在膜拜神靈時虔誠無悔，就是幸福。他們用一種最簡單的思維抗拒著世俗的困擾，抗拒著商業、金錢的腐蝕，他們就是生活在自己心中的天堂中。

而我們的幸福應該是什麼樣子的呢？我們心中的淨土應該在哪裡？也許可以從這一片叫做香格里拉的土地上、從這片土地上的人們開始我們尋找的歷程。

巴里島

神◆的◆住◆地

印度尼西亞素有『千島之國』之稱，而巴里島，正是這個島國中一個世外桃源般的樂園，它就像一個魅力非凡的女人，外表可謂天生麗質，骨子裡又兼具溫柔與熱情，美得令人無法抗拒，只能毫無保留地愛上她。

BALI ISLAND

地理位置
印度尼西亞

名片
海濱與田園

溫和的氣候、宜人的空氣、肥沃的土壤、綿延的海灘、深沉的河流、沸騰的火山和純淨的湖泊……

在印尼語中，「巴里」是「再回來」的意思。這應該是每一個好客的地方發出的召喚。但是如果你到了巴里島，當地人卻很少有機會發出如此的召喚，因為在那之前，你早已心生此念，甚至已經決定好要留在這座島上度此一生。巴里島就有這樣的魅力，它本應該是神仙的居所，如今降落凡塵，只是想讓人間領略天堂的色彩。

巴里島人也相信他們居住的是一座不平凡的島嶼，他們認為昔日居住的神仙們至今依然掌管著島上的一切，太陽、月亮、山、海、猴、龜，一切的一切。他們將巴里島作為一個大祭壇，在島上為神靈建起座座莊嚴的廟宇，早晚沐浴自我，供奉神靈，即便現在島上來了好奇的觀光客，拿著V8圍觀，他們依然不動神色，充滿虔誠敬畏，將一片真心獻給庇佑他們的神靈。

也許，正是神的庇佑，才造就了島上最完美的一切：溫和的氣候、宜人的空氣、肥沃的土壤、綿延的海灘、深沉的河流、沸騰的火山和純淨的湖泊……勤勞的鄉民於此生息，用雙手開闢出別具一格的梯田，建造起莊嚴的祭壇與神廟，傳承出悠久而神秘的文化。而如此成長的人都是生活的哲學家，他們懂得如何享受生活，享受幸福，工作時認真賣力，用餐時喜悅祥和，睡覺時清心無憂，膜拜時心無旁騖。

他們的生活自然逍遙，在巴里島這片美麗的土地上快意而生，一代又一代。巴里島上的人雖然因為宗教信仰而有著所謂的階級，但是從來不分貴賤，平等而處。對於客人，他們更是不分來處，純真隨和，使得每個遠道而來的客人都認為這裡是人間的天堂，是心靈回歸的地方。正是這些，吸引著萬里之外的藝術家，跨越重洋來到這裡，將自己家鄉的文明與巴厘的文化融合繁衍，將巴里島打造成一片藝術家的天堂。

巴里島的少女穿著傳統服裝跳著凱克火舞。

今天的烏布，依然和15世紀第一批藝術家到來時相似，眾多的藝術家和當地的居民一同生活，在巴里島上綠色的雨林中，回歸自然，遠離塵囂，將巴里變成一座藝術的島嶼，一個更美的神仙居所。

海神塔倒映水中，農人泛舟湖上，一派水鄉的詩情畫意。

莫普提

在◆撒◆旦◆的◆陽◆光◆下

素有「撒哈拉的威尼斯」之稱的莫普提坐落在尼日爾河三角洲，尼日爾河和巴尼河在這裡聚合，河水穿城而過，為人們提供了豐富的漁業資源，因此也稱為「魚都」。這麼一塊風水寶地，撒哈拉的很多民族都把它當做本民族的發祥地。

MOPTI

地理位置

非洲

名片

撒哈拉沙漠中的綠洲

三毛的筆塑造了大部分人對撒哈拉的想像：一片黃沙如同萬丈的布匹，天地之間裹著重重的玄黃，哭泣的駱駝講述著蕭索的故事。然而真正的撒哈拉，不只這些。蜿蜒的河流在烈日與乾旱之中勇敢前行，流出一彎彎綠洲。尼日爾河與巴尼河兩條河流交匯在一起，交匯點中間堆積出三座島嶼，勤勞的人們生活在這三座小島之上，在沙漠的深處，構築出一片奇異的水城，這裡就是莫普提。

沙漠中的水，本是上天的饋贈，異常難得。而莫普提卻得到了上天最大的恩寵，尼日爾河與巴尼河帶著無盡的寶藏流淌而過，每當雨季，雨水聚集，形成的季節湖一望無盡。莫普提的三座小島中間的水道上穿梭著各種船隻，無人指揮，卻井井有條，人們在船上買東賣西，岸邊肅穆的大清真寺默默地注視著這一片繁榮的景象。遊走於這樣的莫普提，很容易使人忘掉自己身處沙漠之

莫普提的建築都是泥土夯的，很有非洲的原始味道。

Chapter 03

中，反而會以為自己是在威尼斯。但是當你放眼遠眺，就會發現，包圍這片水城的是一圈矮矮的草原，而再往外不遠，便是飛沙走石的大漠了。

正是這片金水造就了撒哈拉沙漠中的這個最有名的綠洲。

莫普提這塊靈地，孕育了馬里眾多的民族，今天這裡依然生活著許多古老的民族，頗耳族依然在耳朵上佩戴著元寶般貴重的飾品，波佐族的村子展現著最原始的非洲風情。無論來自何族何部，所有莫普提人都勤勞而勇敢。他們靠水吃水，在太陽升起時便開始一天的工作，盪舟湖面，收穫自然慷慨的饋贈——水中數不清的魚類。他們還將這些魚製成熏魚、干魚，將自然的禮物傳播到世界各地。

Chapter 04

人，詩意地棲居

——傾聽回歸的召喚

拉普蘭

聖◆誕◆老◆人◆的◆故◆鄉

這裡幾乎看不到工廠，所到之處全是樹林、河流及覆蓋其上的皚皚白雪，一望無際，清潔純淨，飄飄灑灑的大雪把大地變成一個冰清玉潔童話般的世界，如此仙界才配得上聖誕老人。

LAPLAND

地理位置

芬蘭／挪威

名片

童話仙境

如果這個世界上真的有聖誕老人，那麼他必定會生活在拉普蘭，這個跨越北極圈的地方，這個世界盡頭的冷酷仙境。拉普蘭的10月到次年4月是漫長的冬季，冰雪覆蓋著延綿的群山、幽藍的湖泊和無際的森林；5月到7月，拉普蘭的太陽永不沉沒，黃昏時分，太陽在天邊還沒有來得及落下去，黎明的日出景象就呈現在眼前，整個夜晚天地間瀰漫著金色的柔光。

在拉普蘭的極夜裡，幸運的人還可以看到變幻莫測的極光，紅色、藍色、綠色、紫色的光芒輕盈地在靜寂的天空中飄蕩，忽明忽暗，美得讓人窒息。在中世紀的傳說中，極光是騎馬奔馳越過天空的勇士；因紐特人相信極光是神靈為最近死去的人照亮歸天之路而點亮的火炬；薩米人則在極光下靜靜許下心願。

整個拉普蘭就是個天然滑雪場。

薩米是歐洲最後的原始文明，拉普蘭是薩米人的家園。冰河紀結束後的一萬年間，他們駕駛著北極犬拉動的雪橇，追隨著馴鹿遊牧在拉普蘭冰原。薩米人是太陽和風的子民，信仰萬物有靈不分貴賤，過著順應自然的生活。到薩米人的鹿皮帳篷下，坐在柔軟的鹿皮上圍著暖暖的篝火吃一塊剛剛烤熟的鹿肉，你會忘記帳外的天寒地凍。

這片遠離塵囂的極北之地，有著自然的童話氣質，令北歐的詩人作家們著迷。這裡是尼爾斯冒險旅行到達的最北端，也是大雁們停歇的夏季營地；安徒生的冰雪皇后也長居於此，和她在一起

的還有因仰慕她的神秘與美麗而拋棄塵世的年輕戀人……

1927年，芬蘭電台的兒童節目主持人馬古斯叔叔告訴孩子們，其實聖誕老人和他的兩萬頭馴鹿就居住在拉普蘭的「耳朵山」的山地小屋裡，通過耳朵山他能聽到世界各地孩子們的心願，還有一批北歐精靈在那裡幫他準備禮物。雖然無法探訪這個山中小屋，但是人們可以去芬蘭羅凡涅米以北8000米的聖誕老人村，在那裡，每天都是聖誕節。面頰像玫瑰、鼻子似櫻桃、兩鰓長滿白鬍子、笑呵呵的聖誕老人，正在木頭小屋裡等著聆聽你的心願。孩子們可以悄聲告訴聖誕老人自己心底的小夢想，成人們也能重新回到單純快樂的童年時代。你也可以把自己的心願寫在卡片上，投入一個紅色的小郵箱，在蓋上特殊的郵戳後，它們會被送往耳朵山，轉交給山中的聖誕老人。

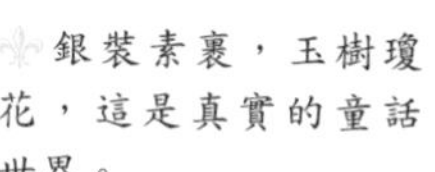

銀裝素裹，玉樹瓊花，這是真實的童話世界。

走出聖誕老人村，眼前是無際的雪原和披著銀裝的蒼松翠柏，一隊薩米人駕著雪橇飛馳而過。曾經有一個8歲的小女孩寫信給《太陽報》，詢問世界上是否真的有聖誕老人。《太陽報》的編輯以社論的形式給孩子回了信，告訴孩子們，這個世界怎麼可能沒有聖誕老人呢？是啊，怎麼可能沒有聖誕老人呢？他的家不就在拉普蘭？

羊角村

心◆靈◆的◆積◆澱

雨後的羊角村彷彿被美女之吻突然喚醒的城堡，煙囪裡冒出了炊煙，少年唱著歌兒在騎腳踏車，白髮蒼蒼的老婦人在修葺庭院，狗兒在門口酣睡，母馬在給馬崽餵奶。小橋流水，令人砰然心動。

GIETHOORN

地理位置

荷蘭

名片

水畔茅屋

荷蘭羊角村，一個既沒有風車也沒有羊角的地方，有的是蜿蜒交錯的水道。這裡被稱做「荷蘭的威尼斯」，但水道邊的建築卻與威尼斯的端莊肅穆截然不同。羊角村水畔的小屋，如同鄉村的小家碧玉一般，安靜而嫻然。小屋並不很小，其實裡面的空間是很寬敞的，只是最多不過兩三層，絕不似城市裡的高樓身量竟然比樹木還高出許多，逼得人們仰視。小屋們靜靜地坐落在高大挺拔的夾岸楊柳之下，頂著憨憨的茅草屋頂悠然度日，沒兩步遠就是水面，水面上它們的身影屢屢引得遊人讚歎，卻從不曾見它們顧影自憐。

茅草屋頂是羊角村的特色。用茅草做屋頂原來是窮苦人家就地取材，沒辦法的辦法。斗轉星移之間，卻成了冬暖夏涼，環保又耐用的好材料。不過除了實用的原因外，審美上的原因也不可忽視，茅草的房頂與這水邊的小村子，實在是合拍。線條和顏色都自然而質樸，性情柔和得近乎遷就，隨高就低，溝溝坎坎都被妥帖地撫平了，反而增了它的美，讓人不能不喜歡。

羊角村的「茅屋」掩映在綠樹花叢中，生活即藝術。（左圖）

這方靈水養育了羊角村的綠地，使每個「居民」都透露出青春的活力。（右圖）

走進羊角村，滿眼都是綠，河畔的樹是綠的，映到水裡，讓那一灣碧水綠得更深了；河邊除了那條小小的柏油路外，是漫坡的青草，綠得比水還潤。鮮亮的彩色自然也是有的，比如河邊停靠著的小船，比如房前院落裡一叢鬱金香，比如住家門口那排木屐……它是心靈的積澱，歷久彌醇。

在河邊隨意坐坐，租條手搖船順著水路逛逛，那種感覺若想形容，唯有詩的語言勉為其難，在杜甫的《茅屋為秋風所破歌》結尾處，老詩人唱道：「安得廣廈千萬間，大庇天下寒士俱歡顏。」眼下寒士們大多已經住進了「廣廈」，我們卻又開始心心唸唸遠方的茅草屋了。

春夏兩季是羊角村最美的時節，但冬天也不乏特別的韻致。

除了划船就是釣魚，不必追求功名利祿，這才是本真的生活。

桑斯安斯

悠◆悠◆風◆車◆轉◆牧◆歌

綠色的草地、寧靜的河水、遠處的風車、瞬間飛起的天鵝以及在農田里勞作的農人……美麗如畫的桑斯安斯依然保持著百年前的樣子，好似一個古老的博物館。

有人說桑斯安斯是荷蘭的縮影，這麼說可能是因為這裡有意識地被建成了個「風車博物館」，向人們展示荷蘭風車的種類和功能。不過，風車在今日的荷蘭已經不是主要的動力工具了，所以，似乎應該說，這裡是幾百年前荷蘭的縮影。可這個說法，也不確切，今天的桑斯安斯寧靜而富庶，美麗而悠閒。很多人感歎桑斯安斯保持著百年前的樣子，而這百年前的樣子就是一幅17 世紀的田園牧歌圖。

17世紀的荷蘭到底如何，現代人難以親見，但想來沒有現在的桑斯安斯這麼浪漫。雖然那個時候荷蘭已經通過海外殖民撈取了大筆財富，但惡劣的地理條件仍然讓這裡的普通

ZAANSE SCHANS

地理位置

荷蘭

名片

風車

老百姓們過著苦難的日子。300年前的桑斯安斯，據說有800多座風車日夜不停地工作著。風車在昔日的荷蘭代表的顯然不是浪漫或者美麗，而是「與天鬥，與海斗」的精神。這塊隨時可能被海水淹沒的古世紀湖床，正是在風車的轉動中將積水排入大海，讓一座座搾油坊、麵粉坊、石粉坊、鋸木坊、鐵工坊運作起來。今天，昔日的800座風車只象徵性地存留下了5座，雖然有的仍然在運作，但更像是這個國家的符號，它的意義一直在變，但荷蘭人的風車情結沒變。

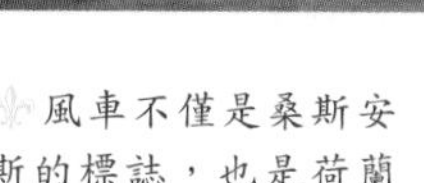

風車不僅是桑斯安斯的標誌，也是荷蘭的象徵。

荷蘭的另外一種符號是木鞋，不過，和已經退出實用舞台的風車不同，今天的荷蘭人仍然有很多穿著木鞋。這些樣式略顯笨拙的木頭鞋被塗上了各種鮮亮的顏色，其優點是保暖且抗潮濕，能適應此地的居住條件。據說，以前荷蘭男人在結婚娶妻前一定要學會做木鞋，以此證明自己有賺錢養家的能力。「木鞋」在昔日的荷蘭應該是安定舒適生活的象徵，而守護著這些傳統的桑斯安斯，可能是享受安定生活的最佳場所。

綠水繞房轉，春光正燦爛。

沃倫丹

乍◆古◆還◆雅

走在沃倫丹的岸邊或是坐在岸邊的木椅上享受陽光，吹吹海風，看看當地人的生活起居，這也是人生的一大享受。

在漁村裡生活，在享受中工作，這就是沃倫丹人生命的全部。

幾百年前，沃倫丹臨北海，鎮外就是伸入大陸的內灣須德海。17世紀，許多荷蘭的船隻從這個小漁村出發，越過大洋，走向世界，世界上第一套商業港務貨運系統、第一家商業銀行都從這個小鎮起步，走向成熟。

1920年，荷蘭人開始了規模浩大的須德海圍墾工程，他們用自己的勤勞和智慧改變了自然的風貌，一道3萬米的攔海大壩聳起，攔海大壩的一側是一望無際的大海，天高海闊，鷗飛魚躍，而另一側則是沃倫丹。這座北海的漁村已不再緊鄰大海，它所臨的海域化做了艾瑟爾湖。作為昔日繁華的起點，沃倫丹的內湖湖畔鉛華洗盡，沒有走向喧囂，而是回歸了安寧與平靜。

木鞋是沃倫丹日常生活的必需，無論男女都穿。

走在沃倫丹街頭，隨處可見別緻的磚木建築。由於修建在圍海而成的陸地上，為了安全，建築物很難向高處發展。小巧玲瓏的房屋，牆壁上、屋頂上塗滿了鮮艷的色彩，更為沃倫丹平添了幾分純樸與恬淡。明亮的玻璃窗後飄動著白色的蕾絲窗紗，陽台上綻放著絢爛的鬱金香，處處流露著漁村生活的溫馨。

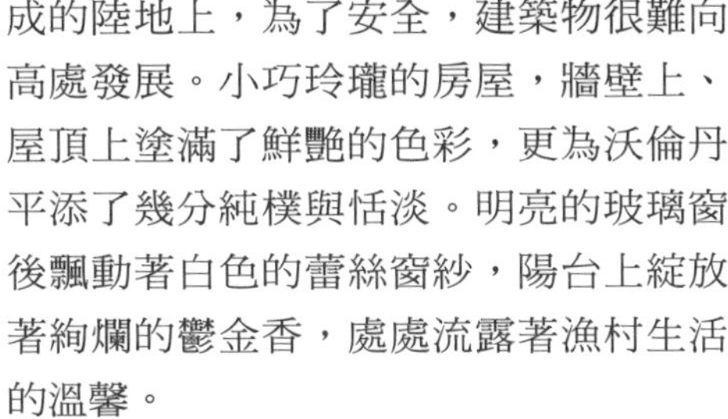

沃倫丹的博物館中展示了數百年前漁村的生活風貌，當時大部分人以打漁為生，日出而作，日落而息，原版的古董級破冰船彷彿從幾百年前一路穿越歷史的阻隔走到了今天。

傳統的生活不僅存在於博物館中，更是保存在人們的生活中。沃倫丹當地人依然喜歡穿著傳統的荷蘭民族服裝，男人頭戴漁夫帽，寬鬆的黑色毛褲上綴著用荷蘭盾銀幣做成的紐扣，隨時準備上船出發去打漁，女子身上七彩的裙子則綻放出比鬱金香更加芬芳的色彩。而不管男女，他們的腳上都會穿著一雙醫生極端排斥的傳統木鞋。這一切並非為了展示或取悅於遊客，而是他們日常生活的必需。他們就在沃倫丹如此度過一年一年，一代一代。

VOLENDAM

地理位置

荷蘭

名片

漁村生活

布魯日

沉◆睡◆中◆世◆紀

布魯日城內河渠如網，河上遊船如織，大小橋樑隨處可見。在河道兩旁，一幢幢中世紀的建築掩映在綠樹叢中，這旖旎的水鄉風光使遊人恍如隔世，回到遙遠的年代。

BRUGGE

地理位置

比利時

名片

比利時最浪漫的城市

在英國電影《殺手沒有假期》中，一個殺手集團的頭目在懲罰一個違反了原則的小嘍囉之前，將這個小嘍囉送去一個地方度假，因為那個度假的地方埋藏著他自己最快樂的回憶。那裡就是布魯日。

布魯日，位於比利時西北部，隔英吉利海峽與倫敦相望。城區內河道環繞，水巷縱橫，小橋錯落，扁舟蕩漾，用真實的圖景詮釋著自己的名字——布魯日，它在佛蘭德語中是「橋」的意思，在古尼德蘭語中有「船舶駐點」之意。布魯日就是一座與水無法分離的城市，3條運河在市內彎曲流淌，50多座橋梁橫跨河上，使得這裡素有「小威尼斯」之稱。但是，如果認為這裡就是威尼斯的翻版，那就大錯特錯了。威尼斯地處南方，帶著義大利人的熱情奔放，而位於北方的布魯日，則更多的是一派靜謐與內斂，一如緩緩流動的運河，波瀾不驚，但是微波卻蕩漾著每個人的心。而布魯日本身，恰恰是一座真正有資格淡定的城市。

悠悠運河柔柔秋風是愛情的催化劑。

布魯日始建於公元7世紀前後，從13世紀開始，是西歐最重要的貿易中心之一，如今城市廣場附近遍布的哥特風格的建築，依然展現著城市當年的繁榮，幾個世紀前來自歐洲各地的商人就

聖母院是布魯日最著名的歷史古跡，建於13世紀，珍藏著米開朗基羅的名作《聖母像》。

齊聚於此，用帶著不同腔調的話語，敲定一樁樁的生意。流浪的畫家與游吟的詩人在小橋流水間用各自的藝術記錄著這個城市的傳奇。到了後來，布魯日的經濟地位日漸衰落，幾乎淪為歐洲最窮的城市，萊依河上再也看不到昔日的車水馬龍，只留下白髮的遺老回想當年的興盛。也許正是這種衰敗幫助布魯日抵抗住了所謂文明的戕害，當隆隆的推土機將其他城市的遺跡剷平時，布魯日則在人們遺忘的角落中依然保持著千年前的模樣，彷彿中世紀的睡美人，世界已經滄海桑田，而她依然美麗如昔。運河中天鵝野鴨自由游弋，河岸邊中世紀風格建築的窗戶上閃動著白色的蕾絲窗紗，各式各樣的巧克力遍布大街小巷的每一家店鋪，集市廣場上的鐘樓交織出動人的組樂，聖血大教堂中耶穌的寶血如同這個城市的脈搏一樣，依然鮮活，永不乾涸。

布魯日經歷過了繁榮與貧窮，如今洗盡鉛華，呈獻給世人一種中世紀的冷靜和清醒，為人們提供一片游離於時間之外的淨土。

巴登巴登

與◆夢◆境◆相◆接◆的◆角◆落

「5分鐘後你會忘掉自己，20分鐘後你會忘掉全世界！」—這是馬克・吐溫在巴登巴登泡過溫泉後，由衷發出的一句感嘆。

BADEN BADEN

地理位置

德國

名片

溫泉

巴登巴登，記住一定要連說兩遍！不然人家會問你是奧地利的巴登，維也納的巴登，還是德國的巴登。巴登，在德語裡是洗澡的意思，德國地名中有許多叫做某某巴登的地方，往往都是溫泉療養勝地，而巴登巴登用了兩個巴登，可見此處非同一般，這個名字也捍衛著這座老牌溫泉城市的地位。

巴登巴登的歷史可以追溯到公元75年，酷愛沐浴的羅馬人發現山谷裡的水溫竟然高達69℃，立刻在這裡修起了大浴池。開始時這裡被用來給軍人療傷，後來當時的羅馬皇帝卡拉卡拉也受不了誘惑前來，現在巴登巴登還有一座以這位皇帝的名字命名的「卡拉卡拉溫泉浴場」。19世紀，巴登巴登已經被稱為歐洲的夏都，吸引著各界權貴名流，維多利亞女王、拿破崙三世、瓦格納……這些顯赫的名字讓人目不暇接。當然這裡也不乏窮困的文人墨客。

沒見過巴登巴登的黃昏，就不可能真切理解「世外桃源」的含義。

建於2000年前古羅馬浴池遺跡上的菲列特浴池是一派古典味道，其建築風格為文藝復興式，浴池為男女共浴。其實，一直到16世紀，歐洲很多地方的蒸汽浴室都是男女共浴的，溫泉浴場就更不用說了，這在騎士小說和哥德式壁畫裡都多有印證。

水在歐洲文化裡有著節日喜慶的意思，沐浴的初衷似乎本不是為了清潔，而是娛樂。

為了滿足人們的需求，這

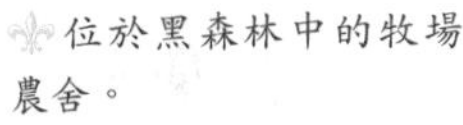

位於黑森林中的牧場農舍。

裡的娛樂項目日益增多，不僅擁有歐洲第二大的歌劇院，還有歐洲最大的賭場。據說陀斯妥耶夫斯基曾在巴登巴登狂賭，結果輸得一敗塗地，回去之後，痛定思痛寫出了名作《賭徒》。不過巴登巴登最出名的文人該算是馬克・吐溫，他對這裡的評價成為了這裡的廣告詞，他說：「在這裡，5 分鐘後你會忘掉自己，20 分鐘後你會忘掉全世界。」

巴登巴登雖然聲名在外身世顯赫，卻絲毫不讓人覺得嫌貧愛富，難得地保持著山城的自然安靜和恬淡安逸。城區沿著奧斯河谷蜿蜒伸展，房屋依著山勢的起伏高高低低，自自然然，山上的溪流還被請下山來，成了路旁的流泉飛瀑。整座城市取調淡雅，白是乳白，紅是粉紅，總之一切鮮亮的顏色裡都摻了點白進去，一打眼就讓人覺得格調不俗。走在青石鋪就的街道上，時不時能看到街頭巷尾一處處花壇，閒情的主人在房前屋後隨意掛上一兩件盆栽。隨便走走，便可以去拜訪白雪公主和灰姑娘的老家——黑森林；走累了就在路邊小店坐坐，喝杯葡萄酒，聽場露天音樂會。巴登巴登，便是如此一處與夢境相接的角落。

海德堡

把◆心◆遺◆失

曾幾何時，維克多·雨果在這裡幽幽長嘆：「我來到這個城市十天了……而我不能自拔。」曾幾何時，歌德在這裡低低吟唱：「我把心遺失在了夏日的海德堡……」你是否會好奇是怎樣的城市才會有如此震懾靈魂的魅力？

荷爾德林在他的名作《海德堡贊》中說：「我愛你已久，滿心歡喜／想你來當母親，並獻上一首平凡的詩歌，就我所見，你是祖國城市中，風光最美的一個。」在另一首名作《在柔媚的湛藍中》中，荷爾德林說道：「神本是人之尺規。勳勞功烈，然而人詩意地，棲居在大地上。」或許，海德堡就是荷爾德林心目中那片詩意的土地，最終的歸宿。

海德堡老城坐落於內卡河畔。著名的海德堡城堡位於高出內卡河200米的國王寶座山上，俯視著狹長的海德堡老城。這裡可能不是德國的心臟，卻無疑是德國的大腦，荷爾德林、黑格爾、謝林、歌德、韋伯、雅斯貝爾斯、舒曼……他們都曾在這裡留下足跡。席勒說，「海德堡不是海德堡」，在擁有了那麼多的哲學家、詩人、藝術家後，海德堡已經成

HEIDELBERG

地理位置

德國

名片

哲學家小徑

內卡河畔的

別墅

德國是個充滿詩意和有音樂天賦的民族，海德堡就是這一特性的體現。

了一種氛圍，一種精神，凝聚在內卡河的兩岸。

沿著內卡河行走，在一座老橋旁，一條小路蜿蜒隱入山坡上的綠樹叢中。緩步而上，一所花園門口豎立著一座手掌模型，向上攤開的掌心裡寫著一句話：「今天已經哲學過了嗎？」這裡正是「歐洲最美麗的散步場所」—— 哲學家小徑。據說黑格爾、歌德、海德格爾、伽達默爾都曾流連於此，在這裡散步和思考，由此誕生了近現代最具影響力的哲學思想。從這裡眺望海德堡老城，目光掠過的軌跡不知會與誰在時間隧道的哪一站交疊。

海德堡老城之上，屹立著那座昔日曾與凡爾賽宮齊名的山間古堡。而想要到古堡參觀，則必先穿過狹窄的小徑，沿崎嶇的山路曲折前行。漫長的攀登後，終於，那座經歲月和戰爭洗禮的古堡廢墟呈現在你的眼前：規模猶在，結構猶在，只是大半坍塌，雜草滋生於牆壁和屋頂，觸目皆是磚紅與土黃兩種最為持重和滄桑的顏色，昔日的金碧輝煌需要仔細尋找和揣度才能依稀辨認，這一切讓古堡有了和睦而莊嚴的美。對於如此古跡，政府竟能任其殘破，不加修復，這與其解釋為「文物保護意識」，不如說是對海德堡、對海德堡精神深深的理解與尊重。這份尊重，每一名觀光者都能感受得到，於是，也在不知不覺中對海德堡生了一份油然的敬意。

站在古堡上，回望山巒環抱中的

內卡河上一座古老而美麗的六孔拱橋，哲學家小徑就位於橋邊的一座小山上。

城池，一棟棟青磚紅瓦的房屋點綴在綠叢之中，倒映於那條靜靜穿城而過的老河，似乎一切早已遠去，又似乎一切都還活著。海德堡是一座有800多年歷史的老城，卻不是一座舊日時光的陳列室，因為這裡還有一座舉世聞名的大學。一代代青年將他們的青春與才華融成了這座城市的新鮮血液，使它生機勃勃，浪漫而鮮活，曾有幸留學此處的中國學人感嘆：「我就是喜歡這種現代與傳統結合一起的地方：有歷史的通道，就不會漂浮；有時代的氣息，則知道你站在哪裡了。」

這樣的城，這樣的堡，這樣一種走過千年的時光交錯，以及光影中那一個個模糊而鮮活的背影，叫人如何不心動。難怪雨果會在這裡無法自拔，難怪歌德會說「我的心遺失在海德堡」。

海德堡依山傍水，森林遍布，別緻的別墅零星散落在內卡河畔，寧靜而浪漫。

萊茵河

穿◆越◆時◆空◆的◆旋◆律

『傳聞舊低徊，我心何悒悒。兩峰隱夕陽，萊茵流不息。峰際一美人，粲然金髮明。清歌時一曲，餘音響入雲。凝聽復凝望，舟子忘所向。怪石耿中流，人與舟俱喪。』這是民國時期中國詩人翻譯的德國大詩人海涅的作品，他所詩詠的地方就是萊茵河。

RHINE RIVER

地理位置

德國

名片

萊茵河之秋
科隆大教堂
葡萄酒

萊茵河的種種總是讓人想起我們的長江。阿爾卑斯山的常年積雪是這條大河的源頭，瑞士境內，萊茵河只是涓涓細流；在萊茵河的上游，沒有都市，也沒有都市化的喧鬧，民風淳樸、簡約，一如長江源頭的那片星宿海；此後，它先北後西，此去有峽谷急流的險峻，百米飛瀑的雄壯，也有浩浩盪盪、橫無際涯的平闊……長江流經中國內陸的諸多省市後注入了東海，而1320千米的萊茵河則在流經6個國家後注入了大西洋。萊茵河不僅在高山、丘陵、平原上留下了自己的印記，其25萬平方千米的流域也浸潤著瑞士、德國、法國、奧地利、列支敦士登、荷蘭等不同民族與國家的文明。能夠

萊茵河兩岸有許多古城堡，這是著名的「貓塔」和「鼠塔」。

⚜坐落在萊茵河畔的科隆大教堂是世界上最完美的哥德式教堂，是萊茵河畔最著名的景致。

露迪斯海姆是萊茵河高地區的中心點，自古羅馬時代即開始栽種葡萄，目前是德國最具代表性的白葡萄酒產地之一。

滋養一個民族的河流已然稱得上偉大，但萊茵河卻似乎滋養了大半個歐洲。

萊茵河雖然發源於瑞士，卻似乎對德國更為偏愛。萊茵河流經德國的部分長865千米，流域面積占德國總面積的40％，是德意志民族名副其實的搖籃。而在其1000多千米的流程中，最為美麗富饒的段落「萊茵河谷」，也位於德國的境內。德語中「萊茵河」是陽性名詞，而「多瑙河」則為陰性，德國人把萊茵河視為父親河，如同中國人把黃河稱為母親河。萊茵河有很多故事，但是，把萊茵河的故事講得最好的卻不是德國人，而是一位偉大的法國人。

很多人都講述過萊茵河的故事，但大多數時候，他們講的是「與萊茵河相關的」或者「發生在萊茵河上及萊茵河周邊」的故事，這故事的主角是歷史，是傳說，是神話，是河畔的村莊、半山腰的教堂和山上的城堡，是查理大帝，是拿破崙，是披著金髮在河邊低聲歌唱的羅蕾萊……卻並非萊茵河本身。就像我們無法描繪大自然，於是就去說山河湖海、草木花鳥、風雨雷電——只有極少數的人能夠駕馭一支寫得動萊茵河的筆，雨果就是這少數人中最為傑出的一位。

德國人把萊茵河視為父親河，如同中國人把黃河稱為母親河。

經歷了千萬年的歲月，萊茵河長出了它自己的精神和性格。在雨果的心目中，萊茵河是上帝的意旨，是一隻獅子，威猛而高貴，「它目睹了封建社會，共和體制和皇帝國家。它當之無愧，既是法國的驕傲，也是德國的自豪。這條河流既是戰爭者，也是思想家的見證，因為它概括了整個歐洲歷史的這兩大面貌。在那使法國前進的壯麗波濤中，在那使德國思索的深沉的潺潺水流中，我們都能找到歷史的痕跡」。

萊茵河集世間萬般河流的面貌於一身，「它像羅訥河一樣迅速敏捷，像盧瓦爾河一樣雄渾寬闊，像繆斯河一樣峭壁夾岸，像塞納河一樣迂迴曲折，像索姆河一樣綠水縈縈，像台伯河一樣歷史悠久，像多瑙河一樣莊嚴高貴，像尼羅河一樣神秘莫測，像美洲的河流一樣金光閃閃，像亞洲的河流一樣蘊含著語言與神靈。」

萊茵河是戰爭之江也是和平之江，在漫長的歲月中，時而，河面上豎起了梭鏢或刺刀，義大利軍隊、西班牙軍隊或法國軍隊從這裡潮水般湧向德國；時而，它又和平地運載著林格和聖加勒的樅樹、巴塞爾的斑岩和蛇紋岩、科隆的羊毛與絲綢、薩爾齊格的櫻桃、阿爾的紅酒……神意將它作為一條邊界河流，堡壘要塞使這條河成為城牆河流，歐洲就這樣被分成了南北兩半，一邊種植橡樹，另一邊是葡萄園；一邊是北方，一邊是南方；一邊是力量，一邊是享樂。它已為文明作出了眾多貢獻，並將繼續作出更多的貢獻。

位於歐本威捨小鎮山坡上的美麗堡也稱仙堡，它建於12世紀，曾經是萊茵河一帶最富有、最有權勢的城鎮之一，日耳曼歷史上5個最重要的家族都發源於此。

貝希特斯加登

高‧貴‧的‧單‧純‧和‧靜‧穆‧的‧偉‧大

貝希特斯加登是最值得德國人誇耀的地方，這裡高山巍峨，溪流潺潺，森林茂密，山花遍野，湖泊如鏡，牧場似氈。這裡是德國的世外桃源，是牧歌式生活的典範。

BERCHTESGADEN

地理位置

德國

名片

拉姆紹

鷹巢

貝希特斯加登地處阿爾卑斯山的群山環抱之中，在德國和奧地利的交界處，以瓦茨曼山和國王湖為中心區，聞名遐邇的還有一座叫做拉姆紹的小鎮，小鎮的標誌是立在村頭的那座小教堂。

德國的教堂之於村莊，如同一個人臉上那個挺直的希臘鼻子，讓人感覺一種「高貴的單純和靜穆的偉大」。在德國，沒有教堂的鄉村或城市是沒有的，拉姆紹自然也不例外。按道理，應該是先有村子後建教堂，但看起來，倒像是這教堂先選了一處背山靠水的好位置立起來，隨後，人們才趕著牛羊依附了來，建起了屋舍和圍欄。

拉姆紹的教堂是潔白的，如同身後阿爾卑斯經年不化的積雪；教堂的尖塔頂則是暗灰色，如同雪山底部裸露著的石壁。雪山上的融水匯成小溪在教堂前流過，沖洗著這個本就一塵不染的地方，為它添了許多靈氣和生動。教堂的後面是一座墓地。1米多高的墓碑一排排立著，墓碑多是由大理石或花崗岩做成，上面是個十字架，或是耶穌基督，或是聖母瑪麗亞，碑石上刻著「某某長眠於上帝神聖的寧靜之中」。墓碑腳下的小花壇裡，五彩斑斕的小花正開得生機勃勃，整潔而鮮艷，看得出經常有人來悉心照料。墓園的牆外是阿爾卑斯山麓平緩的草場，草場的邊緣，茂密的針葉林隔開了遠處的雪山。

潔白的拉姆紹教堂是無數藝術家靈感的源泉。

陽光透過樹蔭，灑落在如茵的

聖誕的貝希特斯加登小鎮讓人感受到聖誕老人置身其中的溫馨。

草地上，照亮了滿地的小花兒，也讓樹下的木椅有了明暗斑駁。坐在木椅上，望著教堂、森林和森林背後聖潔的雪山，不由得感到這裡就是由人間到天堂的一個安頓。生活於此的人們有福了，在這裡安然度過一生後，他們由親人們送入墓室，然後，在柔和的夜色之中，由星光引領著，循著溪水的路，穿過森林，越過雪山，將塵世的煩惱一步步留於身後，踏上通往天國之路。

沿著拉姆紹鎮的溪流向東行走，在溪流轉彎處，你將看到的就是赫赫有名的薩爾茨堡山，這座美麗的山峰之知名，不是因為它的高山牧場、草地、森林，而是因為一名匆匆的過客——希特勒。

納粹掌權後，希特勒先是在這裡建造了一座簡單的夏季避暑小屋，後來根據一名建築師和他本人的設計，經過多次擴建最終形成了一座大型的住所，建築的中心大廳有一扇可以升降的窗戶，可以一覽貝希特斯加登的阿爾卑斯

山風光。1937年，在薩爾茨堡山的山腳下，建造了希特勒政府的駐地，成為納粹德國除柏林外的第二政府駐地，希特勒每年要在貝希特斯加登逗留數月，其間的政令皆由此發布，並以帝國元首的身份於此接待各國首腦。

希特勒作為元首「聲名遠播」，不過估計沒有幾個人知道，這位元首年輕時的夢想是成為一名畫家，還曾經有過一段為期不短的街頭作畫賣畫生涯，同時他對建築也有著濃厚的興趣，他自己曾多次宣稱，如果不做國家元首，他將是個出色的建築師。遺憾的是，他沒有堅持自己青年時期的夢想與追求，而是選擇了成為第三帝國的「總建築師」，最終給人類帶來了巨大的災難。

當年的政府機構多半已在盟軍的炮火中灰飛煙滅，倒是希特勒的府邸「鷹巢」還僥倖逃過了一劫，至今仍然矗立在凱爾施泰因峰的峰頂。從峰頂下來，正值太陽西沉，山腳下的國王湖一片深碧，湖面倒映著峰影，泛起了金色的漣漪，隱隱能聽到牛群暮歸的掛鈴聲隨風飄散，卻是「青山依舊在，幾度夕陽紅」。

醉人的綠色、像絲絨般細膩平整的草皮、清新的空氣、開闊的視野，難怪來到這裡的人都會愛上這裡。

科赫姆

醉◆酒◆的◆探◆戈

在科赫姆，我們的詩情將得到最大限度的釋放，它是一曲醉酒的探戈，當要捕捉它的時候，它倏忽不見，但在不經意間，它又撲鼻而來，像迷離的音符，讓人芳心遙許。

提到德國，提到酒，最先出現在你腦海裡的是不是德國人在慕尼黑啤酒節上舉著巨扎啤酒醉得東倒西歪的情形？其實，德國人對葡萄酒亦鍾愛有加。馬丁・路德就說：「即使我知道整個世界明天將要毀滅，我今天仍然要種下我的葡萄樹。」

德國的葡萄種植歷史可以追溯到2000年前，這裡是世界上緯度最北的葡萄酒釀造地區，大量葡萄種植在日照充分，氣候溫和濕潤的河谷地帶。摩澤河畔正是這樣一處所在，蜿蜒曲折的河谷，陡峭的爬滿葡萄籐蔓的斜坡。摩澤河醉醺醺地流入萊茵河，沿途流經的每一處河灣旁的山峰上都留下了一座座中世紀的古堡，古堡下方則是葡萄園和村鎮。科赫姆就是摩澤河畔諸多村鎮中最美的一座。

摩澤古堡矗立於城市背後的山頂上，將小城的景致和不遠處的河道盡收眼底。哥德式晚期的建築風格森嚴而高聳，尖尖的塔尖直指蒼穹。城堡內的奢華精緻，讓人遙想當年主人的生活。城堡早已失去了昔日拒敵的功用，生了鏽的加農炮邊野花紅艷艷開得嬌美，城牆下就是大片大片的葡萄架，梯田般布滿了整個山坡，直連到山下的科赫姆城。城裡並不十分寬敞的石板街兩側，矗立著不少保存良好的老建築，木質結構暴露在白牆以外，典型的德國風格；狹窄的小巷中懸掛著的木質招牌，指引著你找到當地的酒窖，裡面的葡萄酒品質極高價格卻沒有想像中昂貴，順便還可以向老闆請教一些關於德國葡萄酒的歷史與知識。

關於德國和酒，無疑可以寫一本厚厚的專著。這本書的開頭，也許可以引用尼采對德意志中世紀時期祭酒節的描寫，在酒神的感召下，人們從「四面八方積聚成群，匯成歌隊巡遊各地，載歌載舞，此時，在世界大同的福音中，人不但感到自己與鄰人團結了，和解了，融洽了，而且是萬眾一心；人在載歌載舞中，感到自己是更高社團的一員；他陶然忘步，渾然忘言；他行將翩躚起舞，凌空飛去！他的姿態就傳出一種魅力」；接下來，進入故事的是從中世紀時光穿梭到21世紀的科赫姆，這裡正在舉辦一年一度的葡萄酒節，鮮花和彩旗，樂隊和人群，使這所平日安靜而嚴謹的小城熱鬧非凡，街道兩邊的酒家都擺出了攤位，上面陳列著各式美酒，供人品嚐。遊人們可以在脖子上掛上一個專用的小紙杯，從街頭品到街尾。遊行的花車旁簇擁著越來越長的遊行隊伍，滿臉鬍鬚，身材健碩的「酒神」樂呵呵地與大家碰杯，空氣中飄蕩著醇厚的酒香……

COCHEM

地理位置

德國

名片

葡萄酒
摩澤古堡

摩澤河畔的城堡，在過去的幾個世紀中，或許裡面一代代的主人就在裡面安享葡萄酒的醇香，留下一首首關於酒的戀曲。

天鵝屬於天空部落，它們在摩澤古堡下漫遊，是否已經傳達出醉人的意味呢？

布萊薩赫

酒◆神◆之◆鄉

德國幾乎90%的葡萄都生長在萊茵河及其支流，從賓根到波恩之間的萊茵峽谷裡，沿岸葡萄園綿延100多千米，被稱為德國的『葡萄之路』，而布萊薩赫則是這條路上最閃亮的一點。

沿著萊茵河順流而下，兩岸是尖頂教堂、金色的風信標和整潔的村莊，山上則是葡萄園和古堡，布萊薩赫就是這段旅程中的一座小城。布萊薩赫有一個勃艮第人的皇帝寶座，這寶座不是坐落於氣勢恢宏的宮殿裡，而是坐落在一座山上。這座山由死火山形成，而山上的山地葡萄園就被起名為「皇帝寶座」，可能如龍王鎮水一樣起著鎮山鎮火的作用。這裡是德國最熱的山地，高溫少雨的天氣，讓葡萄充分成熟，顏色紫黑，糖度極高，釀製的葡萄酒品質自然也很好。每年的8月到9月，當山上的葡萄架上都掛上一串串沉甸甸的紫瑪瑙珠子時，山下的葡萄酒節也拉開了帷幕，人們從四面八方彙集此地，中檔的黑塔、雷司令，高檔的黑品諾、冰酒、貴腐酒，應有盡有，任君品嚐，果香醇厚，令人唇齒留香。

BREISACH

地理位置
德國

名片
葡萄酒
萊茵河

葡萄酒節中的布萊薩赫是熱鬧的，但大多時候，這卻是個安靜而美麗的地方，連萊茵河都彷彿放慢了腳步，平靜而溫柔。河對岸是另一座城市科瑪，也是個知名的葡萄酒釀造中心，不過卻是法國的「釀造中心」。天鵝在河水中無拘無束地遊蕩，於是就有了這樣的說法：萊茵河，萊茵河，法國看樓，德國看鵝。站在法國看德國的城堡，風景兩邊都好。

卡車向酒館運來成桶的葡萄酒。

薩爾茲堡

一◆曲◆華◆爾◆茲

在這座城市裡，音樂是永恆的主題。仲夏之夜，隨便走在一條小巷裡，幽深的石子路上，不知何處飄出了無名的小夜曲。樂聲不疾不徐，悠揚婉轉，令人惆悵，似乎是莫扎特的音樂之靈在迴盪。

雖然薩爾茨堡人口已達15萬，但絲毫沒有破壞這裡的詩意，寧靜中伴著悠揚是它的主旋律。

如果你不是一個音樂發燒友，那麼你對奧地利的瞭解可能只限於維也納而不知道薩爾茲堡；但是，不管你是不是電影迷，你應該都看過《音樂之聲》。除了英俊深沉的特拉普上校、善良熱情的修女瑪麗亞、膾炙人口的《雪絨花》

外，你是否還記得孩子們居住的城堡和花園，記得孩子們偷偷跑出去郊遊的美麗的山野和背景中巍峨的阿爾卑斯山？是的，這裡就是薩爾茲堡了。薩爾茲堡是影片的取景地，還是這部根據真人真事改編的影片的發源地，同時也是那種洋溢真摯的溫暖、自在歡樂的音樂精神的發源地。

薩爾茲堡坐落在海拔1400米的高原上，3座林木茂盛、山頂積雪的山脈環擁著它，詩意盎然。

音樂，是薩爾茲堡的靈魂與生命，沒有人會否認這一點。這裡是歐洲華爾茲的誕生地，施特勞斯在這裡寫下了《藍色多瑙河》，貝多芬和海頓在街頭的閣樓裡創作著傳世的樂章，卡拉揚也是薩爾茲堡的孩子，1967年他在這裡創辦了復活節音樂節……不過，最讓薩爾茲堡人驕傲的，是他們的音樂神童莫扎特，這裡不但有莫扎特的故居，有隨處可見的他的雕像，甚至還有叫莫扎特的冰淇淋和巧克力。每年還有一周時間是「莫扎特音樂周」，屆時，宮廷、教堂和音樂廳到處都將演奏他的音樂。

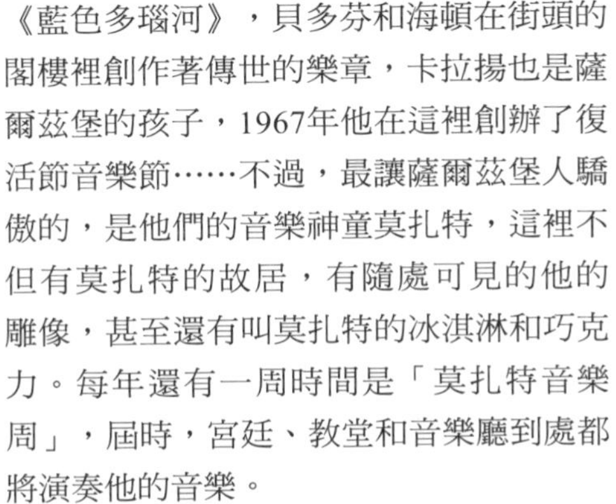

走在薩爾茲堡的街頭，幽長的古巷裡，不時有陣陣樂聲從那些精緻的小窗戶裡飄來，大提琴，短笛，抑或鋼琴……構成了這座從二戰炮火下倖存下來的巴洛克時代城池的基音。昔日那些從小說和老電影裡得來的古典歐洲的印象慢慢清晰起來，巴洛克風格的建築，裸體的大理石雕塑、教堂、墓地、市政廳、博物館，甚至還有羅馬時代遺留下來的古堡。山路上馬車駛過時的車鈴叮噹響在車輪滾過石板路時發出的轔轔聲裡。路邊的台階上，坐著一群少年，其中一個正在吹著手中一支小小的潘笛……

SALZBURG

地理位置
奧地利

名片
音樂之都

克魯姆洛夫

在◆伏◆爾◆塔◆瓦◆河◆畔◆酣◆睡

地處捷克邊境的小鎮克魯姆洛夫展現出的是由自由的天性、天生的熱情以及火焰般燃燒的想像力所繪製的絢爛圖景，雖然似乎和名人們攀不上什麼親戚，也缺乏耳熟能詳的歷史典故，但是仍舊吸引著全世界的背包客沿伏爾塔瓦河逆流而上。

從地圖上看克魯姆洛夫，伏爾塔瓦河蜿蜒而過，形狀恰如黃河的那個「幾」字彎兒，當然是精緻袖珍版的。有人說「克魯姆洛夫是一個被伏爾塔瓦河包裹的酣睡的嬰兒，遠處教堂的鐘聲是他的微酣」。但其實，克魯姆洛夫更像是童話裡的小紅帽，可愛而清新，正蹦蹦跳跳地在森林裡唱歌呢。你看那紅頂的小房子，還有那座代表克魯姆洛夫的古塔。這座全鎮最高的建築，按說應該是威嚴而有點唬人的，它呢，被修成了並不怎麼威嚴的圓柱形不說，裝飾用的顏色還是粉色和綠色，

克魯姆洛夫的紅頂房總是讓人聯想到小紅帽，像一堆散漫的音符，卻奏出最和諧的樂音。

加上玲瓏別緻的頂子，更像童話裡的城堡了。

不過，人不可貌相，城亦如此。這座美麗得有點兒可愛的小鎮，其實是一座有著數百年歷史的古城，它歷經戰火，飽經滄桑。就拿剛才那座古塔來說，它坐落於南波希米亞地區僅次於布拉格城堡的第二大規模的城堡——克魯姆洛夫城堡中，古塔之下正是這一建築群中最古老的部分「赫拉德克」。

克魯姆洛夫城以一種奇特的方式擴張。在中國，最難保存的就是建築，新主人總會把舊房屋推倒重來，考古人員頂多能發現一些古城池的地基。在克魯姆洛夫，當舊的房屋不能滿足新的需求時，人們會在原有基礎上擴建，讓新房子的骨架和風格努力去貼近舊房子，於是，在這裡，歷史就在一個平面上被拼合在一起，不但不衝突，倒別具一格起來。

克魯姆洛夫城如同很多歐洲小鎮一樣古老而安靜，但自有著一份輕鬆和快活。夏季到來時，伏爾塔瓦河上會時不時漂下來幾隊顏色鮮亮的皮划艇，一艘艇上三五個人，有身著比基尼的妙齡少女，有大腹便便的中年壯漢，還有驚魂未定的寵物狗。什麼時候朋友、親人要聚會了，就來玩個漂流，這種日子，已不是文字所能表達的快樂逍遙。

CESKY KRUMLOV

地理位置

捷克

名片

紅頂房

波希米亞風情

卡羅維瓦利溫泉鎮

有◆故◆事◆的◆溫◆泉◆小◆鎮

卡羅維瓦利是世界上最美麗的溫泉小鎮，波希米亞人將藝術的細胞滲透進了生活中的每一個細節，咖啡館邊的柵欄上布滿了鮮花，每一處溫泉口都建造了宮殿般華麗的藝術長廊。走進卡羅維瓦利，就像闖入了一座巨大的古典建築藝術博物館。

KARLOVY VARY

地理位置

捷克

名片

歷史名城

溫泉

最初，是充滿靈性的動物發現了卡羅維瓦利的溫泉，它們在溫泉中休養，用溫泉的力量療治身上的傷口。有一次，愛好打獵的捷克國王查理四世追蹤一隻受傷的小鹿，看到小鹿投入溫泉的懷抱，再從水中走出來的時候身上的傷口已經癒合。國王沒有留意獵物已經消失在叢林之中，只是目瞪口呆地看著面前神奇的溫泉。

卡羅維瓦利小鎮圍繞這片溫泉而建，一條叫做「熱」的河（Tepla River）帶著溫泉的熱量穿過城市，十二眼泉散布在可以用腳步來丈量的小鎮街頭。這十二眼泉與別處的溫泉不同，他們不是用來泡的，而是用來飲用的。內服的溫泉水與外敷的相比，治病療傷的功力不輸分毫，而暖暖的泉水順著食管流入身體，更是暖人心窩。

著名的德沃夏克溫泉洗浴大廳內部的長廊。

小鎮中有一座小鹿的雕塑，記錄著當初小鎮發祥的源頭。而小鎮的名字是由查理四世國王而來，卡羅維瓦利意思就是「查理的溫泉」。有著這樣名字的小鎮本該打著一些皇家的印

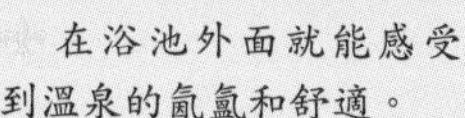
在浴池外面就能感受到溫泉的氤氳和舒適。

記，可惜1640年的一場大火毀掉了曾經的一切，我們今天已經無法看到皇室的榮華。但是相比於其他很多地方，1640年依然是一個古老的年份。小鎮上的建築依然可以用古樸來形容，更令人讚嘆的是小鎮的自然。鎮上的房子沒有兩座是相同的，各具風情，在熱河兩岸的山坡上高低錯落地分布著。除了顯赫的皇家以外，哥德、普希金、果戈理、屠格涅夫、席勒、貝多芬、蕭邦、馬克思，一個個在歷史上閃耀著特殊光環的名字都與這座小鎮有著交集，從溫泉的滋潤中獲得改變歷史的力量。

鎮上的居民為了保護十二眼溫泉，在泉水四周築起了特別的長廊。石製的古樸，木製的簡約，最有名的德沃夏克溫泉長廊由鐵製成，據說這些鋼鐵是第一次世界大戰結束後人們將29門廢棄的大炮熔化而得。這些鋼鐵昔日是戰爭的武器，捍衛著國土的完整，如今化為守候的廊柱，守護著這座充滿故事的溫泉小鎮。

勾禾德

薰◆衣◆草◆的◆天◆空

有一個地方，生活儉樸而高尚，節奏舒緩，可以好好地吸一口忘草香，嘗一口鮮味芝士，感覺愜意而滿足……漸漸地，就忘記了時間。這裡就是法國蔚藍海岸邊的勾禾德小鎮。

勾禾德，素有法國「天空之城」的稱號，而這裡，也正如同宮崎駿的天空之城一樣，閃耀著神秘與清逸。

整個勾禾德坐落在半山腰上，當地生產一種白色的石頭，人們也便就地取材，村莊內的房屋、圍牆大多由白色的石頭砌成。小小的白色山村掩映在青山綠樹中，閃動著純潔的顏色。如同這純潔的白色一樣，整個村落沒有經過太過細緻的打磨和規劃，透露著一種鬆散與隨意。踏在石板路上，穿過高低巷弄，兩旁相伴的是白色的石牆，每轉一個彎，風景便多一重變幻。當夕陽西下，彤色的雲霞不僅鋪滿整片天

GORDES

地理位置
法國

名片
薰衣草

著名的塞南克修道院前種滿了薰衣草。（左圖）

勾禾德古堡是全村的制高點，它也是一座薰衣草博物館。（右圖）

空，也為小村染上一層異樣的暈彩，彷彿一片童話的國度。而若山霧縹緲，整個小村就如同飄在雲端一樣，如夢似幻，更像是幻境之中的天空之城。

勾禾德古堡位於村中的制高點，這座有上千年歷史的古堡，在時光的輪迴中保持著昔日的偉岸風姿，不動聲色地觀望著普羅旺斯的風景。走在通往古堡的石頭台階上，離古堡越來越近，便彷彿與昔日的光陰越來越近，山中的歲月如同山下平原一樣亙古悠遠。

欣賞勾禾德小鎮最佳的位置，是進入村莊前的公路。走在這條路上，可以看到樹木掩映中的古堡，山岩與白色的村落相互輝映。恍惚中，彷彿宮崎駿筆下的飛艇馬上就會從山中衝出，村落上空飛翔的小鳥彷彿就是魔法師哈爾的化身。

而在村子當中，眺望山下，能夠看到綠油油的田野，如同海洋一樣無邊無際。這些田野中，種植的不是莊稼，而是浪漫的薰衣草。當薰衣草盛開的季節，一畦畦整齊的花田，吐露著紫色的芳華，在清風的微拂下，與蹁躚的蝴蝶共舞，向山坡上白色的村莊點頭致意。村莊的靜謐、古堡的蒼涼、平原的寬廣、大山的無言，在薰衣草香中更加凸現。這一切，比眾多名畫家筆下的田園風光更加令人心動。

艾克斯

沿◆著◆塞◆尚◆的◆腳◆步

艾克斯的名字由拉丁文「水」演變而來，有人說它是『普羅旺斯最好的地方』。陽光、古城、石板路、泉水、梧桐、薰衣草，賦予了艾克斯繽紛迷人的色彩與豐富多姿的文化，歷來是文人雅士喜愛和嚮往的地方。

艾克斯的大街小巷都洋溢著隨意閒適的生活氣息。

艾克斯，普羅旺斯區昔日的首府，今日的精華。怎樣才能讓一個剛剛到達艾克斯的人快速瞭解艾克斯的精髓呢？

第一種，學者型。建議你坐在當年左拉、塞尚喝咖啡的「兩個男孩」咖啡館，要一杯咖啡，安穩地在遮陽棚下坐上一下午，看看附近大學城裡的少男少女們如何在這座咖啡館裡修習他們的「社交學課程」。你還可以帶上一本這個咖啡館的另一個常客一彼得・梅爾的《普羅旺斯的一年》（就是那本紅透了的《山居歲月》），裡面不厭其煩地記下了好多艾克斯的人和事，或許你坐的座位正好就是當初梅爾寫作時偷眼觀察四鄰的地方。

不過，到一個地方只是枯坐讀書，未免有些呆氣。似乎

AIX-EN-PROVENCE

地理位置

法國

名片

噴泉 藝術

還是該四處逛逛。所以，第二種，遊走型。在艾克斯的大街上走走，你看到最多的將會是噴泉。「艾克斯」本身就是拉丁文「水」的意思，這座城市更被稱為「千泉之城」，此泉非礦泉，說的正是噴泉。每一座噴泉都是一件構思精妙、造型優美的藝術品，有線條流暢的海豚，有俯視人間的眾神，有撥動豎琴的少女，泉水如琴聲汩汩流下……大理石雕像，噴湧的泉水，在普羅旺斯的陽光和藍天下乾淨得不得了。每個噴泉周圍都有一個或大或小的廣場，每個廣場四周都擺著露天咖啡座，而艾克斯有大小40多座噴泉……怪不得100年多年前塞尚說：「我每日沉醉在這裡的景色之間，欣賞當中的美妙景致。我真的不能想像有什麼更好的方法或地方，可以讓我消磨時光。」除了塞尚，還得提另一位藝術大師，他就是梵谷，他在這裡割掉了自己的耳朵，經歷了人生最後的悲歡離合。

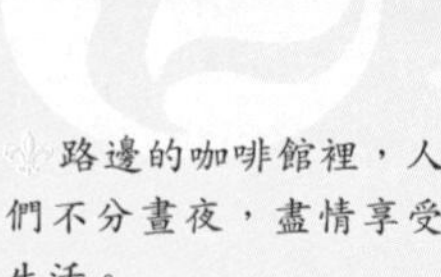

路邊的咖啡館裡，人們不分晝夜，盡情享受生活。

第三種，參觀型。艾克斯是「現代主義之父」塞尚的故鄉，你大可以為自己設計一條「沿著塞尚的腳步」之類的路線，去他的故居轉轉，去他花3個月時間畫一張畫的那個地方瞧瞧，當然還要去看看他的畫展。關於現代主義和塞尚的畫不必多說。雖然塞尚畫的只是風景、人體和景物，但仍然能讓你看得心裡打鼓。人們說，不到艾克斯就不能理解塞尚，不到普旺羅斯就不能理解印象派為何產生於法國。在你來了艾克斯之後，是不是能理解塞尚了呢？

依雲小鎮

水◆玲◆瓏

全世界97%的水是鹽水，2.1%的水來自地球南北兩極的冰山融水，只留下0.84%的水能供人類飲用，而這其中只有0.00000004%是依雲水。依雲的水是上天對女人最好的寵愛。

依雲，背靠阿爾卑斯山，面對月牙形的萊芒湖。Evian這個拉丁文單詞的本意就是「水」，因銷往世界各地的礦泉水，依雲譽滿天下，而這聲名之後的依雲小鎮，卻仍然保持著水般的純淨與玲瓏。

來自阿爾卑斯雪峰的普通冰川水用15年的時間以每小時1.5厘米的速度緩慢滲透進位於深山的巨大自然含水層，就成了依雲礦泉水，也成了依雲鎮75%的財政收入來源，保證了小鎮上的人們富足而閒適的生活。在小鎮人的生活中，最重要的是生活的品質。法國人本來就崇尚休閒，依雲鎮的人們更甚。週日所有的人都和家人團聚在一起，不去工作，連平日裡熱鬧的百貨商店也不例外。一座座散落在草坪中的房子，更是被布置得如同迪士尼小屋一樣美麗可愛。早晨和傍晚，萊芒湖畔盡是慢跑者的身影。這個湖不允許機動船航行，因此聞不到討厭的汽油味。湖中的野鴨和天鵝則絲毫不避路人，自由地往返在依雲和對岸的洛桑之間。一位晨練的老人說：「應該學會在依

依雲公司在依雲小鎮設有4個免費供應點，在這裡，人們可以免費品嚐到全世界最昂貴的淡水。

雲鎮裡幸福地逃避。」逃避那些忙碌與焦灼、惶惑與不安，單純地生活在這裡，生活的全部似乎就是呼吸與享受。

跑完步，可以到鎮中心的「依雲紀念碑」喝些依雲水，依雲公司在這裡建了個罈子，旁邊的泉眼裡晝夜不停地流出礦泉水供人飲用。這樣的飲水點全鎮共有4個，這裡是世界上唯一可以免費喝到依雲礦泉水的地方。

除了供應本國外，依雲水大量銷往美國、英國、德國，這些地方大都供應直飲水，可還是有很多人願意花不菲的價錢買依雲礦泉水，為什麼呢？或許我們可以從依雲的經營理念中找到答案，依雲的宣傳手冊上寫著這麼一段話：「天然礦泉水是大自然送給我們的禮物，我們必須把這份禮物原封不動地賣給顧客，不允許對它有任何改變。」當然，答案有很多種，另一版本的答案是這麼說的：「把Evian倒過來寫，就是Naive，意為『天真』。」

除了依雲礦泉水，依雲小鎮也是著名的度假聖地，被評為「法國鮮花最多的城市」。這方水土養育這片青草。

EVIAN

地理位置

法國

名片

礦泉水

盧塞恩

柔◆情◆似◆水

盧塞恩有湍急見底的溪流，湛藍如鏡的湖面，雄偉峻峭的雪峰，來過這裡的人都異口同聲地說：『盧塞恩是一處上帝寵兒居住的地方。』盧塞恩的山水彷彿帶著鍾靈之氣，讓人不免沾染上幾許飄飄出塵的清雅之感。

LUZERN

地理位置

法國

名片

噴泉 藝術

人們都說：「沒來過瑞士，就沒來過歐洲；沒來過盧塞恩，就沒來過瑞士。」這是一句武斷得讓人牴觸的話，但卻又有著它的道理。盧塞恩，這個「最瑞士」的地方，令無數人為之傾倒。

列夫・托爾斯泰坐在萊茵河畔的小屋裡，望著湖面映著雪山的藍色影子，他的鵝毛筆在稿紙上寫下了這樣一段話：「盧塞恩的這片水，這群山，這藍天，給我的是那樣強烈的美的刺激；我全身蔓延著某種神秘的焦慮，某種雜亂的、不可名狀的感情，以至我想抱住某人，緊緊地抱住他，搔他，掐他，並做出某種超常的舉動……」作家的筆無法直接寫出盧塞恩的美，只能寫出自己面對這美好時難以釋放的強烈感情。瓦格納對盧塞恩的評價與托翁有異曲同工之妙，他說：「盧塞恩的溫柔使我把音樂都忘了！」大仲馬則說：「盧塞恩是世界上最美的蚌殼中的珍珠。」據說貝多芬創作《月光曲》就是受了一位詩人對盧塞恩的評論影響，第一樂章使人想起「猶如在瑞士盧塞恩月光閃爍的湖面上搖蕩的船兒一樣」。

盧塞恩也是個冬季滑雪勝地。

盧塞恩，你有什麼樣的魔力啊？讓大文豪失去了語言，讓音樂家忘記了音樂。這魔力召喚著歐洲、美洲最傑出的藝術家們，我們不能說藝術家有著最高尚的靈魂，但藝術家無疑有著最敏感的心靈、對美的最直覺的領悟。

沿著盧塞恩湖畔的「瑞士之路」漫步，夕陽的餘暉照亮了湖邊撒麵包屑的老婦人的銀髮，天鵝一家正安靜地等在湖畔，天鵝夫婦輕輕地靠在一起，毛茸茸的小傢伙乖巧地跟在後面。

想來是這種安靜甜美的畫面吸引了奧黛莉・赫本這個墮入人間的精靈，據說她就是在盧塞恩的教堂裡步上了紅地毯，後半生隱居於這片絕美的山水之中。盧塞恩是赫本心靈的歸所，似乎也寄托了歐洲人所有的審美理想。

對盧塞恩，作任何描述性的嘗試似乎都只能是費力不討好，還需要什麼言語呢？只好如同雨果所說的：「在這裡待上一小時，人將成為一尊雕像。」永遠、永遠凝望著這裡安然的生活。

茵特拉根

與◆少◆女◆峰◆的◆美◆麗◆邂◆逅

在茵特拉根，美好如此廉價，燦爛陽光，湖光山色，似錦繁花，小橋流水，危樓古道，處處是景，無處不是景，人在畫中游，欣喜莫名。

INTERLAKEN

地理位置

瑞士

名片

少女峰
圖恩湖
布里恩茨湖

茵特拉根，這個名字直譯的話，就是「湖水之中」的意思。茵特拉根就是因為坐落在圖恩湖和布里恩茨湖之間而得名。阿爾卑斯山上的積雪與冰川，於無聲無息中滋養著這兩汪晶瑩剔透、明亮如鏡的湖，也將茵特拉根變得更加秀美動人。

但是茵特拉根之所以出名，並非因為它所臨的兩面湖水，而是因為它依靠的高山——少女峰。少女峰，這座阿爾卑斯山的皇后之峰，海拔4158米，橫亙18千米，宛如一位披著長髮的少女，穿著山頂積雪帶來的一襲素衣，恬靜地仰臥在白雲之間，守候著與天地、與蒼生的約定。每一個到瑞士的人，都必將少女峰當做一次必然之旅，而少女峰腳下的茵特拉根，也因此成為了人們的必經之地。

在茵特拉根鎮中心的何維克（Hoheweg）街上，一片名為何梅特（Hohematte）的寬廣綠地上，抬眼望去，你的視線便能夠與少女峰秀美的身影相遇。這片草地原本是一座古老的修道院的庭園。當年潛心修習的僧侶，便在此處時時眺望遠山，沉澱內心，然後繼續尋找與神靈溝通的方式。

春天的茵特拉根芳草茵茵，讓人心醉。

和這座修道院一樣，小小的小鎮，也有著一段悠久的歷史。小鎮在13世紀的古鎮溫特塞恩的基礎上發展而來，鎮上最古老的建築溫特塞恩古堡從名字上就體現著歷史的綿延。修建於17世紀的古堡，經過了近400年的風霜，依然眺望著少女峰，守候著茵特拉根小鎮。

今天的小鎮，雖然有了很多現代的氣息，但更多的還是傳統的風格，一幢幢木結構的別墅房屋，陽台窗戶上鮮艷的花朵正在盛開，搖曳著自己的身姿。多少年來，她們迎來了許多朝拜少女峰的人，也送走了許多找到心靈平靜的靈魂，今天依然對尋找天堂的遊人敞開懷抱。

位於布里恩茨湖畔的布里恩茨小鎮，婉約和古典是它的特質。

巴斯

慵‧倦‧的‧泉‧城

珍‧奧斯汀曾在這裡定居5年，成就了她的《傲慢與偏見》。但卻因經濟狀況惡化而斷然退婚，終生未嫁，加之父親病逝的諸多打擊，奧斯汀對巴斯的美好印象逐漸轉變成了膚淺造作的城市。但這並不影響巴斯作為英國唯一世界遺產城市的地位。

由小約翰‧伍德設計的皇家新月樓是巴斯最恢弘的建築，是近代建築的奇蹟。

據說很久以前，在英國有一片冒著熱氣的泥塘，公元前860年，一位因病被流放於此的王子偶然墜入泥塘之中，一身的病卻因此而康復。王子後來登基成為國王，便在泥塘附近營建了一座城市。幾百年後，凱撒大帝的羅馬鐵騎橫掃宇內，踏入英倫島，這座小城美麗的風光和天然的溫泉

讓久經沙場的凱撒大帝都為之一動，便在此地營建了豪華絕倫的浴池和神廟，將這座小城命名為巴斯（Bath，即浴室之意）。

從此，這裡作為浴池與療養勝地吸引了無數的人。英國皇室始終對這裡情有獨鍾，狄更斯曾經在這裡留連，珍・奧斯汀曾經在巴斯度過兩個長假，然後便愛上了這座小城。《傲慢與偏見》、《說服》、《諾桑覺寺》等多部小說中依稀都可見巴斯的影子。

今天的巴斯城基本上保留著奧斯汀筆下的風貌。兩千年前的羅馬皇家浴池依然保持著當初的原貌，溫泉帶著地心的溫度源源不斷地湧出，陳列其中的珍貴文物記錄著過去的輝煌歷史，不經意間閃爍出舊日的榮華，宮闕迴廊依然可見當初的優雅高貴。兩千年前的祖先創造出的如此創舉，留給今日的人們去緬懷回味。

巴斯的古羅馬浴室，遠處就是著名的亞貝大教堂。

因浴池而興起的巴斯小城，被一片綺麗純樸的田園風光包圍，周圍起伏有致的山丘、靜靜流淌過城市的埃文河，將一種回歸的氣息賦予這座小城，讓人感覺來到這裡，就是要全身心地放鬆，享受慵懶的生活。與這田園風光相搭配的，是古典優雅、靜謐安閒的小城。城內沒有什麼高樓大廈，建築身上浮現的是歷史留下的典雅，蜂蜜色的房屋透出與浴池相仿的溫暖與放鬆，石灰色的屋頂是經年的古樸。半月形的皇家新月樓，同樣是如此的色調，只是更顯皇家的高雅。亞貝大教堂屋頂上彩色的玻璃，在陽光下閃爍著綺麗的光輝，是名副其實的西方明燈。新式的建築巧妙地融合在古老建築之中，現代化的電影院與多年的老字號比鄰而居，沒有任何突兀，反而是完美的協調，人們在享受著古樸的熏陶的同時，也享受著現代的生活。但是小城永遠都是小城，即便是繁華的商業街，也沒有大城市的喧囂匆忙，有的只是輕鬆與悠閒。

BATH

地理位置

英國

名片

溫泉
奧斯汀的足跡

托斯卡尼

6◆月◆罌◆粟◆花

19世紀的英國詩人勃朗寧夫婦選擇了托斯卡尼作為他們私奔的目的地，在那裡幸福地生活了15年；在《看得見風景的房子》中，喬治在托斯卡尼的草地和葡萄園裡向露西表白愛情。托斯卡尼就是這麼誘人，它瀟脫，寫意，懶洋洋，醉醺醺，酒不醉人人自醉。

TOSCANA

地理位置

義大利

名片

文藝復興

遼闊的沉醉

托斯卡尼，一個熟悉又陌生的名字。每個人心裡都有自己的托斯卡尼，或者是香醇厚實的義大利紅酒，或者是文藝復興時代的迷人風姿，也或許只是心頭一個朦朧而浪漫的印象：地中海的陽光暖融融地照著大地，空氣裡是混合著葡萄香的田野氣……這些都是托斯卡尼，動人的托斯卡尼，安逸、自由、古老、舒適。

托斯卡尼最美的季節是6月，藍天白雲，是托斯卡尼最典型的天氣，而在初夏這個季節，天氣顯得愈發明媚。艷陽照射在這座色彩鮮艷的中世紀城鎮之上，乾燥溫暖的風吹過耳畔，一切都彷彿可以將人拉回過往。是的，在這裡，你能夠找到西方文明的起源。

托斯卡尼的名字由伊特魯裡亞（Etruscan）演變而來，伊特魯裡亞文明是這片土地文明的源頭，直到公元前500年羅馬人的鐵騎襲來，才成為屬於歷史的名稱。中世紀時期，托斯卡尼地區分布著許多各自為政的小城市，他們之間征戰殺伐，這片土地上沒有安寧可言。直到傳奇的美第奇家族以自己的聲望征服了這片土地，佛羅倫斯成為托斯卡尼的中心。文藝復興，是現代文明的源頭，而文藝復興的源頭卻是托斯卡尼。佛羅倫斯、比薩、錫耶納，三座義大利文明的發源地都位於托斯卡尼地區。而文明也並非僅僅存在於這些大城市，關於大城市的傳說也如同一部已經發黃的老電影，不再新鮮。當你厭倦了城市的喧囂，走入廣袤的托斯卡尼鄉野，你會看到，鄉野中的淳樸，才是文明的源頭。

古老的地窖鎖不住紅酒的芬芳。

在托斯卡尼的鄉村，一幅色調溫暖的畫卷舒展開來，遠景是藍色的山谷和墨綠的森林，中景是綠洲般的葡萄園、絲柏樹，還有星羅棋布的酒莊、山脊上殘破了的碉堡，近景則是一個一個的小村子，層次分明卻又渾然一體。托斯卡尼就是如此將大自然的優美、鄉土的感覺和優雅的生活呈現在風光無限的畫卷之中。

小路直通遙遠未知的地方，好像要把人帶回到輝煌的文藝復興時代。

夕陽西下的時候，隨意走進一個小村鎮。看看村子裡年代久遠的教堂和鐘樓，磚石的顏色早已被年歲褪去了火氣，石板上的刻字卻依然清晰，燙過的亞麻布床單隨風飄蕩，色彩鮮艷的牆壁和深綠色的百葉窗、深紅色的屋頂隨著清風的吹拂偶爾露出點點蹤跡，家居的溫馨讓人找到一種回歸的感覺。幾個老頭坐在角落裡，喝小杯的黑咖啡，和過路人打招呼閒聊，即便什麼也聽不懂，也能感受到這對話裡的舒坦和樂趣，吃上一頓地道的義大利大餐，來一杯純正的紅酒，然後找個小店住下，體會一種回歸的寧靜。也許在睡夢中，就能看到文藝復興時期激盪人心的社會風情。

在托斯卡尼的Niccone 谷地中，中世紀紛飛的戰火早已經不見蹤跡，如火如荼的罌粟花卻開得正盛，熱烈、自由而奔放，鋪滿整片山谷。這充滿著毒素的花朵，汲取了中世紀埋骨於此的戰士的精魂，此時綻放的卻是最嬌艷的芳華，在托斯卡尼的藍天艷陽下誘惑著人的神經。當夜幕降臨，夜風習習吹送，成千上萬的螢火蟲漫天飛舞，如同群星飄落凡塵。但當你抬頭望向清朗的夜空，銀河系的主要星座卻依然掛在天上，熠熠生輝，它們比螢火蟲更加夢幻。此時的托斯卡尼在群星的照耀下，已經安睡在一片比罌粟更加美麗的酣夢中。

克里特島

真◆實◆的◆神◆話

『**在**遠處暗藍色大海上，浮現著一個島嶼，那就是克里特……米諾斯王住在島上的克諾索斯城。』文化的懷舊或者說是再現，是一種創造的藝術，希臘人做得幾乎天衣無縫。

荷馬在《奧德賽》中寫道：「有個地方叫克里特，在酒綠色的海中央，美麗又富裕……」

這個叫做克里特的島嶼，是希臘的第一大島，位於地中海北部，愛琴海之南，靜靜地沐浴在清新的海風之中。島上，山地深谷錯落分布，風光無限。地中海溫暖的空氣滋潤著這片島嶼，氣候宜人，風和日麗，植物常青，油橄欖、柑橘、葡萄恣意生長，鮮花遍地盛開，在萬頃碧波中心的島上恍惚蕩漾，如同神話傳說中的海上仙境。

克里特島的歷史就籠罩在種種神秘的傳說當中。傳說中，天神宙斯為了躲避父親的暴虐，逃至克里特島長大成人；傳說中，掌管著這片仙境般的島嶼的米諾斯王，是宙斯與美麗的歐羅巴的兒子。當然，傳說並不只有溫馨與光明，邪惡的力量也曾經籠罩著克里特島。傳說中，克里特島的迷宮當中居住著一隻半人半牛的怪物，殘害著世間無辜的生靈，英勇的忒修斯與聰敏的阿里阿德涅設法殺死了怪物，拯救了克里特島；傳說中，這裡是消失的亞特蘭蒂斯帝國遺留的一個角落。

克里特島的民居，一派鄉野情趣。

在真實的歷史中，希臘燦爛輝煌的文明進程，卻幾乎不見克里特的名字。但是實際上，這個無聲的島嶼，是希臘文明的搖籃，為整個歐洲，乃至整個世界今日的文明提供了可能性。極大影響了邁錫尼文明和希臘文明的米諾斯文明，正是在克里特島上興起的。這一段歷史古老悠遠，在時間的長河中變得模糊起來。於是，普通人相信國王米諾

夕陽西下是克里特島每天最動人的時刻。

斯在死後成為了冥府法官，用克里特島賦予他的智慧審判著每一個靈魂。歷史學家卻認為所有這些傳說都不過是無稽之談，所謂的米諾斯王朝不過是虛無縹緲的神話傳說罷了。而歷史的遺跡無法抹去，考古工作不斷挖掘出數千年前的遺跡。島上曾經輝煌的宮殿現在大部分僅存斷壁殘垣，殘壁上偶然出現如天書般的線形文字，雖然人們已無法辨識，但是卻能讀懂它們暗中潛藏的一個聲音：這裡，曾經有著燦爛無比的文明。

克里特島北部發現的克諾索斯王宮遺址集中代表了米諾斯文明的成就。它依山而建，各種宮室層層環抱，各建築物之間曲折通達，彷彿傳說中米諾斯的迷宮。長廊上壁畫瑰麗

如仙境般美麗的景色、虛無縹緲的神話傳說、輝煌燦爛的歷史文明，吸引著不同人的追求……

古樸，顯示著千年前的藝術追求。宮外的劇院、別墅、陵寢也都可一一辨認出來，展示出克里特島上古老而生動的文明。

克里特島的海跟天總是最默契的伴侶，幻化出深遠的意境。

　　幾千年中，克里特島幾經更迭，本土米諾斯文明、希臘、羅馬、拜占庭帝國、阿拉伯、土耳其，一個個文明在這裡駐足，然後如同煙雲一樣散去。經歷了數千年的動盪與變革，經歷了無數的滄桑與風雨，這裡回歸了平靜。如仙境般美麗的景色、虛無縹緲的神話傳說、輝煌燦爛的歷史文明，吸引著不同人的追求，成為許多人尋找夢想的故鄉。在延續著歷史和未來的長河中，克里特島將永遠如同最璀璨的珍珠一樣，閃耀在地中海之中。

五漁村　*Cinque Terre*

恍◆若◆隔◆世

世界說白了就是各種基本元素的組合，每一種元素都不怎麼稀奇，但組合在一起卻屢屢讓人驚嘆。這種組合的驚奇有時來自和諧，比如7個音節高高低低湊在一起成了交響樂；有時來自融合，比如簡單的原料加上簡單的佐料，就能做出一頓美味大餐；有時，我們也說不出這神奇的來歷，於是就感歎「天時、地利、人和」，感嘆機緣「湊巧」，其實就是一些元素神奇地組合在了一起。五漁村就是這麼個美麗的「湊巧」。

港灣被漁火照得一片通亮，等待遲遲不來的睡意。

地中海明媚的陽光、藍如寶石的海水、危崖聳峙的海岸、色澤鮮亮而溫暖的建築、山崖上鑿出的小路、從山頂執拗得鋪到山腳的梯田、芬芳的干白葡萄酒……快樂又勤勞的村民們憑著他們的心靈和雙手妥帖地將這些元素組合成了五漁村。

五漁村，顧名思義就是五個漁村，各自有各自的名字，各自有各自的地盤兒，性情相仿卻又不盡相同，卻因為這麼個共同的名字而聯繫在了一起。它們背山靠海，有點兒突兀地擠在伸入海中的岩石上，擠在山脊間凹下去的那一小塊兒，成為冷峻岩石和碧藍海天中一抹暖人的亮色，照進了人的心裡，一下子讓人舒坦了。

比起不遠處大名鼎鼎的比薩斜塔、佛羅倫斯，五漁村長久以來一直默默無名，偶爾會有本義大利旅遊手冊用薄薄的一頁提到它，告訴旅行者可以在看完比薩斜塔後順路過去歇歇腳。即使是在聲名日盛的今天，五漁村仍然自然而然地保持著自己的本色，村民們繼續過著自己的生活，葡萄熟了去採，捕魚季到了下海。這裡仍然沿用著古老的捕魚方式，在夜間駕漁船出海，船上配置大型露營燈以吸引魚群。

五個小村子之間最方便的交通方式是坐火車，火車大部分時間是在山裡的隧道間穿行，偶爾在陽光裡露個面，不停地在明暗之間切換。站與站之間的距離很近，要是不小心打了個盹兒或是走了個神兒，很可能就會坐過了站。你一面笑自己糊塗，一面下車沿著山上的小路往回走，左手是陡峭的山壁，右手是蔚藍無際的海水。走山路有點辛苦，卻也不乏浪漫，這裡有一條「愛之路」，路邊牆壁上處處可見「愛之塗鴉」，彷彿幼稚的筆觸散發著真實的情誼。

五漁村的特別之處似乎並不多，它是美的，美得安靜，美得平凡。或許，這正是它的美之所在，不必誠惶誠恐，安然享用即可。

CINQUE TERRE

地理位置

義大利

名片

與世隔絕

「愛之路」

蒙特卡蒂尼

凝◆固◆的◆悠◆長

關於蒙特卡蒂尼，勃朗寧夫人曾經這樣寫道：『這裡的空氣似乎能穿透你的心扉。』當然，比空氣更能穿透你的還有作為文藝復興發源地的名分。走進這座依偎在大城市旁邊溫柔謙遜的小鎮時，你會發現它雖沒有大城市的名聲，卻凝聚了義大利民間最典型的建築和最純正的生活方式。

蒙特卡蒂尼，一個距離文藝復興發源地佛羅倫斯40千米的小鎮。與因為同名化妝品牌薇姿而出名的薇姿小鎮一樣，這裡同樣以溫泉而著稱，同樣擁有一個化妝品品牌——

貝佳斯。只是，貝佳斯的故事裡不但有溫泉水、歐洲600年來的SPA傳統，甚至還有一位美麗的公主，為這個故事憑添了幾分貴族氣質。

姑且不論貝佳斯的貴族血統，蒙特卡蒂尼的溫泉確實一直享有盛名，從公元前3世紀羅馬時代的初興，到19世紀的全盛期，蒙特卡蒂尼這座小城一直是貴族們的度假療養勝地，即使在今天，這裡居住的仍然是時代的新貴，這一點從街上駛過的跑車和路邊櫥窗裡陳列的奢侈品就可見一斑。

不過與古代貴族排場十足聲威顯赫不同，今天，居住在這裡的新貴們更像是隱遁於此，享受著小城安靜而現代的生活。這座小城離佛羅倫斯、比薩很近，這讓它沐浴於音樂、美術、建築、人文精神的普照之中，但卻又有一些距離，正好可以用來隔開文化中心的喧囂和浮躁。這裡的貴族氣息不是皇宮裡的威嚴莊重，更不是暴發戶式的裝腔作勢，而是從古羅馬到文藝復興千餘年文化沉澱後的安靜與自得、舒適與優雅，還有義大利民族所特有的開朗與明麗。

呼吸著「似乎能穿透你的心扉」的空氣，漫步在蒙特卡蒂尼的街道上，路邊的人們正悠然地品嚐著香濃的義大利咖啡，他們身後的建築風格各異，有安著綠色百葉窗的土磚陶瓦的托斯卡尼式別墅，有柱廊支撐的近代希臘式神殿，甚至還有倖存下來的雄偉的古典式建築。如果你沿著哪條滄桑小巷拐進通往山谷的路，還能看到山間坐落著保存完好的中世紀城堡。這些風格各異的建築，各自守著自己的一段歲月，一段故事，卻能在這座小城裡和睦相處，歷經千年百年，卻並不讓人覺得滄桑沉重，只是靜穆地存在著、美著。在這樣的背景裡，小城裡的居民和成千上萬來到這裡的遊客，也帶著自己的故事和心情，在這裡享受或長或短的一份安寧。

MONTECATINI

地理位置

義大利

名片

溫泉

貴族式隱居

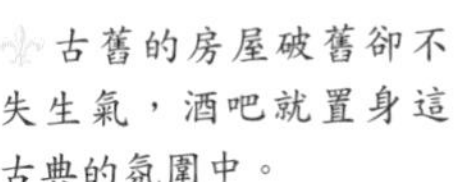

古舊的房屋破舊卻不失生氣，酒吧就置身這古典的氛圍中。

蒂羅爾

未◆知◆的◆寂◆靜

高聳的阿爾卑斯山與和緩的山谷連成一片，茵河纏綿流過，長達數百年之久的皇家文化和民俗傳統在這裡孕育。自然風光無與倫比的蒂羅爾造就了茵斯布魯克和薩爾茲堡，難怪出生在這裡的偉大登山家梅斯納爾說：『我的童年是在天堂度過的。』

TYROL

地理位置

義大利、奧地利、瑞士交界處

名片

安寧

阿爾卑斯這道山脈幾乎綿延了整個歐洲，有一段山脈，被稱為蒂羅爾山區。這本是一片很大的土地，人們在這裡生活的歷史也同雪山一樣古老，因此，這裡也歷經過無數的風霜變遷，風起雲湧，一個個統治勢力將它劃入自己的版圖，而最後，這裡被兩個國家分割，北蒂羅爾和西蒂羅爾屬於奧地利，南蒂羅爾屬於義大利。

奧地利的蒂羅爾，承載著一段深沉的過往。首府茵斯布魯克曾經是歐洲最頑固的家族哈布斯堡的發源地，美麗的茜茜公主的傳奇也是在這裡上演。利恩茨同樣是一座安詳而寧

靜的中世紀古城，記錄著風雲的過往。蒂羅爾的山環繞著這些小鎮，俯瞰著人們的生活。山中的居民彷彿蒼山一樣不會變老，依然住在古舊的木屋當中，在窗台上擺一盆鮮艷的花，與山中綠色的森林相互照映。

義大利的南蒂羅爾曾經滄海，留在山中的珊瑚與山中沉積的石灰石交錯疊積，與牧場中盛開的片片鮮花，交織出似夢似幻的色彩。與奧地利蒂羅爾透露出來的皇家的大氣磅礴相比，這裡是一片安閒而寧靜的凡人生活。道羅麥特山中的村鎮彷彿就是人間的天堂，安閒而寧靜。布列瑟儂小鎮教堂的鐘聲悠揚，中火車經過的聲音依然迴盪在馬修・連恩的歌聲中，講述著如泣如訴的愛情故事。

其實，不論國家如何分化，文化如何不同，山依舊是那片山。蒂羅爾山，是阿爾卑斯的「白色之山」，不論南北東西，山上都覆蓋著從遠古而來的積雪。這裡夏日是徒步旅行者的樂園，冬季是滑雪者的天堂。勇敢的健兒在藍天白雪陽光中揮灑著運動的激情。他們在潔白的雪地上風馳電掣，身邊經過昔日皇家的古堡、今日繁榮的小鎮，滑向大山深處，與大山永恆的美麗融為一體。

蒂羅爾山區，一切就是這樣寂靜，任時光流逝，歲月無聲。

與奧地利蒂羅爾透露出來的皇家的大氣磅礴相比，這裡是一片安閒而寧靜的凡人生活。

巴斯克

大◆師◆勾◆勒◆出◆的◆仙◆境

巴斯克鄉野被上帝安放在西班牙北部，以神秘的角色不聲不響地牽引著世人的目光。茂密的樹林和如茵的牧場、悠長的山谷和湍急的溪流，如同山水畫大師勾勒出的仙境。

BASQUE

地理位置
西班牙

名片
山村美食

當年百日維新失敗之後，康有為遠走海外，遍訪四大洲，尋訪30餘國，經行60萬里。這一日，南海公翻過比利牛斯山，眼前山谷中突然顯現出一座小城，其風情與其緊鄰的西班牙、法蘭西迥異，令人耳目一新，精神為之一振。康公見狀，不禁賦詩一首，詩曰：「亭亭旗蓋出，森森金斧批。澗流瀉絕底，渾灝黃河窄。濃姿若美人，容華倚天末。不知衡岱色，頗覺台廬索。」後收入其《法蘭西遊記》，遂成為使巴斯克見諸筆墨的第一個中國人。

不過說實話，詩裡的描寫幾乎放之四海而皆准，對巴斯克的特色言之甚少。巴斯克鄉野，這片西班牙與法國交境處的土地，長久以來一直是沉默和寂寥的。曾經，巴斯克人在山谷中過著與世隔絕的生活，說著語言學家至今也無法歸類的語言；節日時他們會穿上節日盛裝，歡快地吹奏著自己的民族樂器「坦

巴斯克著名的穆扎橋。

巴斯克鄉野是片天然的牧場，很難想像在政治運動如火如荼的巴斯克還有如此恬靜的景象。

克塞蘇」；運動會上男人和女人一起上場競技，最流行的比賽項目是將5～10萬克重的石頭舉過頭頂……

幾百年過去了，曾經在山嶽和密林遮掩下的巴斯克逐漸進入了政客們的視野。最近30年，隨著民族主義和分離運動，甚至發生了流血衝突。儘管如此，巴斯克人還是用千百年來延續下來的方式，生活在如茵的牧場上，生活在茂密的森林裡。

然而巴斯克人並非固守傳統，就如同他們並不排斥現代生活，傳統和現代都是他們自然而然的生活的一部分。現在的巴斯克以足球和美食聞名，在綠茵場上，巴斯克球員既有良好的技術又有良好的身體狀態；在專門評審世界著名餐館的雜誌《米其林指南》上，小小的巴斯克竟然有3家三星級的推薦參觀，而其他一星二星甚至《米其林指南》未列名的餐廳，也不乏美食的驚喜，成為世界各地老饕的福地。更妙的是，這些餐廳幾乎都在遠離市中心的地方，安靜地等待著專程尋訪而來的客人。

巴斯克的美味——番茄汁雞肉。

蘇茲達爾

白◆色◆幻◆境

這片僅9平方千米的鎮裡，時見河水緩流，野花盛開；蒼天的蔚藍，融入一片片翠碧綠草，配以古色建築，感覺如入夢幻。漫步於這誘人風景，始明瞭它為何成為俄國眾多畫家創作的源泉。

SUZDAL

地理位置

俄羅斯

名片

寧靜 純潔

白色，是純潔、安寧與簡單的顏色，而一座以白色為基調的小鎮，也是一座純潔、安寧和簡單的小鎮。這座小鎮叫做蘇茲達爾，就安處在莫斯科東北200千米外一片9平方千米的土地上。

蘇茲達爾的建築大都是白色的，建在貫穿城市的卡緬卡河兩岸高高的河堤之上，在碧波的陰沉之下，屋簷上、窗框上古樸的裝飾，顯得純潔又儉樸。鎮內聳立著11所修道院，25座教堂，這些建築不僅講述著鎮上的居民們虔誠的信仰，而且它們所帶有的濃厚的宗教氣息更為這裡增添了一份安寧與平靜。暮色中響起的陣陣鐘聲，讓人聽到的並非聲音，而是世界的安靜。小鎮的氣息讓人感覺彷彿走入了純白色的幻

綠色使蘇茲達爾顯露出青春的活力。

境之中，在白色中看到的卻不只是白色，而是世界的繽紛多彩，也許正因為如此，才使得這裡成為了俄國許多畫家創作的源泉。蘇士達一次次地走上畫布，成為真正的幻境。

蘇茲達爾小鎮，從12世紀開始興起，時至今日，歷盡近千年的風霜，這裡的純潔、安寧與簡單始終都沒有受到現代工業文明的侵蝕與破壞，千年寧靜依然流淌在這座白色的小鎮之中。

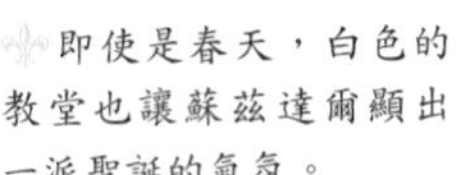

即使是春天，白色的教堂也讓蘇茲達爾顯出一派聖誕的氣氛。

利文沃斯

美◆國◆版◆格◆林◆童◆話

別以為只有去歐洲才能體驗阿爾卑斯山區風情，在美國華盛頓州的利文沃斯小鎮也可以，它是一場『美國夢』，一本翻開的格林童話。

EAVENWORTH

地理位置

美國

名片

山居
異域生活

利文沃斯，人們談到這座小鎮時，所使用的修飾是「德國小鎮」，而這座德國小鎮，卻不在德國，而在北美，它靠近西雅圖。美國是一個移民國家，許多人帶著希望與夢想來到這片新大陸。而19世紀中期的淘金熱卻將許多人帶向了美國的西部、北部，經過穿越喀斯喀特山脈的鐵路，不少人走入山中，選擇落腳山中的小鎮——利文沃斯。

在這裡停駐最多的是德國人，他們將利文沃斯建造成故鄉的模樣，整座小鎮整齊的歐式建築，壁畫、鮮花、獨具特色的裝飾物，點綴在小街的兩側，盡顯巴伐利亞的高貴與端莊、日耳曼民族的自豪與奔放。

山區的封閉又讓這些山中的居民保持著從遙遠的歐洲帶來的古老傳統，歷經百餘年而無變化。今天小鎮當中，依然保存著在德國都已經不多見的民俗、服裝與飲食習慣。在美洲這片民族交融的土地上，他們傳承著自己民族的傳統，延續著不受時空干擾的山居生活，把格林童話的世界搬到了美國。

清澈的小溪流淌出一派歐洲田園氣息。（左圖）

利文沃斯秋色。（右圖）

佩姬灣

讓◆時◆間◆靜◆止

佩姬灣是對我們夢想的複製——與愛人廝守，與世無爭，就像亞當和夏娃在伊甸園裡那樣，河流裡流淌著牛奶和蜂蜜，空氣中瀰漫著肉蔻和蘭桂的芬芳，還有金燦燦的麥子。

夕陽西下，漁民滿載而歸，這是上帝賜予他們的生活。

加拿大東南端有一個人口不到40人的小漁村，它恬淡、優雅而安適。這個漁村的名字叫做佩姬灣——Peggy's Cove，這個名字，無論英文還是中文都帶著點俏皮，當這個名字從舌尖蹦過時，任誰都會稍微停頓一下，浮想它的來歷。按照歷史學家的考證，Peggy 是瑪格麗特（Margaret）的暱稱，佩姬灣正是因坐落於聖瑪格麗特海灣而得名。但對於一個屬於世界十大蜜月勝地的地方來講，這個解釋未免過於無趣。無論是當地人還是遊客，大家更津津樂道於另一種說法，Peggy 這個名字屬於一位從海難中倖存下來的年輕女子，當她在當地漁民的小木屋中甦醒過來時，已全然記不起自己的身世、來歷，乃至姓名，於是，收留她的那家漁民就給了她這樣一個名字——Peggy，這也成了日後這個大西洋畔的小小海灣的名字，成為了這個小村落的名字。

PEGGY'S COVE

地理位置

加拿大

名片

漁村
蜜月勝地

這座孤零零的燈塔是全世界燈塔中的典範，聲名卓著。（左圖）

如此絕美的天地，或許少女Peggy就曾從這座古老的木屋中甦醒。（右圖）

佩姬灣距離被譽為加拿大「香格里拉」的哈利法克斯只有半個小時的車程。三面環海的港灣，一年四季滌蕩在來自大西洋的溫和濕潤的海風中。佩姬灣的地表以兩萬年前冰河侵蝕開裂的花崗岩為主，泥土全部是靠岩石風化而來，非常珍貴，不足以進行種植，村中的花草樹木也多低矮，不過，這絲毫不影響這裡安逸的生活。儘管遊人日盛，當地人仍然繼續著他們世世代代的活計——捕魚。沿著花崗岩組成的漫長海岸線，各種捕魚器械隨處可見，從古老的誘捕龍蝦的木籠，到現代捕魚船上拆卸下來的零件。這些器械展示著漁村原始而恬靜的生活。

由於佩姬灣已成為自然保護區，政府規定Peggy's Cove漁村內的房子不能拆除，也不能加蓋，這裡的風貌便在時間的長河中停下了腳步。島上最古老的建築應該是1812年修建的木屋，從牆板到瓦片全部由木頭製成，白牆灰瓦，背後是一片蒼茫的大西洋。

在這些古老的建築中，最負盛名的景觀，莫過於位於村子最南端的燈塔。它不僅是眾多風光照片上加拿大、大西洋的標誌，甚至成為了全世界燈塔的代表。諾貝爾文學獎得主弗吉尼亞・伍爾夫所嚮往的或許正是這樣一座燈塔，紅色的塔頂，白色的八角形塔體，孤獨地佇立在赤裸而堅硬的花崗

佩姬灣是不缺乏絢麗的色彩的，和諧和溫馨是它的主題。

岩上，於深黑夜色中向神秘莫測的大洋投去一點綠光——永恆的生命之光（1958年前燈光是紅色，隨後變為白色，20世紀70 年代至今為綠色）。

燈塔上駐紮著加拿大海岸警衛隊，而燈塔底層則是一座小小的郵局。夏季的幾個月裡，來此度假的遊客和情侶們可以在這裡為家人、朋友或是給自己寄一張印有燈塔形狀紀念戳的明信片；當然，也可以在燈塔下沿著花崗岩構成的海岸線探尋，尋訪兩萬年前冰川滑移留下的擦痕，領略大西洋的浩淼雄渾之美。

儘管遊人日盛，當地人仍然繼續著他們世世代代的活計——捕魚。

在這裡，大海顯露出其本來的森嚴面目，海浪拍打著岩石發出巨大的聲響，雪白的浪花激濺四射，這時，你會突然從佩姬灣村落營造出的寧靜安適中驚醒，意識到海洋變幻莫測的雄威，也相信了剛剛還有點懷疑的導遊的話：離此不遠處，正是當年鐵達尼號沉沒的地方。

自然之美，有雄壯崇高之美，有靜謐安詳之美，而這兩種美就在佩姬灣內灣外凝固停靠，任你輾轉其間，驚歎其間，受用其間。佩姬灣，一顆靜默的滄海遺珠，攜手於此，眺望無際深海，回首一灣寧靜，珍惜此時此地，珍惜彼此這一世的安然。

風雅只為享樂

——放縱心靈的誘惑

Chapter 05

尼斯

海◆的◆味◆道

如果說巴黎是時尚的代言，國際文化的交融點，那麼，尼斯一帶的法國南部地中海沿岸便是一片大自然賜予的純淨天地了。這裡有著方外世界的味道，地中海的光與影、海岸與天空，造就了尼斯人不凡的藝術氣質。

典故「世外桃源」是一個我們經常聽見的詞兒，雖然每個人心目中的世外桃源都不盡相同，但共性還是有的，辭典上這麼解釋「世外桃源」：陶淵明在《桃花源記》中描寫了一個與世隔絕、安居樂業的好地方，用以比喻不受外界影響的地方或理想中的美好地方。在我們的心目中，世外桃源不但要美好，而且還得是「與世隔絕」的，不然怎麼能叫「世外」呢？中國古代的廣大城市都是內陸城市，不靠海，所以要「隔絕」就得往山裡躲；近代以來，由於人口猛增，中國人又給世外桃源加了個條件──人得少。不過，西方人的辭典裡應該沒有一個詞直接對應「世外桃源」，因為他們心中沒有「世外桃源」這個概念。躲到樹林子裡隱居的梭羅似乎實踐了「在理想中的好地方」生活的理想，不過他實際上過的是和陶淵明一樣困窘的生活，有上頓沒下頓，經常要靠愛默生這樣富有的朋友救濟，實在算不上是「安居樂業」。所以，這一定不是廣大西方人民所嚮往的「世外桃源」的日子，其實，西方人更嚮往天藍藍海藍藍，嚮往陽光沙灘，這從當地的度

隨意錯落的紅頂房是地中海特有的風景線。

假廣告上就能看出來。人多人少也不是很重要，多點好像也不錯，狂歡節時大家一起湧上街頭才熱鬧。

尼斯就是這麼個西方人心目中的好地方。法國人的度假天堂是地中海海濱的「蔚藍海岸」，地方美，名字也美，是100多年前一位詩人詩集的名字。蔚藍海岸的精華段西起戛納，東至賭城蒙特卡羅，而精華中的精華，就是尼斯。和蔚藍海岸上的諸多濱海城市一樣，尼斯背山靠海，阿爾卑斯山的餘脈幾乎延伸到海邊，在阿爾卑斯山和地中海的「天使灣」之間留下一條狹長的地帶，造就了尼斯得天獨厚的地理位置。到了19世紀，尼斯成為世界各地名流顯貴趨之若鶩的地方，各國王室成員也紛紛在這裡定居或興建別墅。沙皇尼古拉一世的遺孀和英國維多利亞女王都曾流連於此。

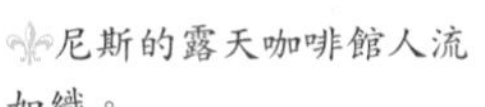

尼斯的露天咖啡館人流如織。

尼斯沒有冰雪，雨水也罕見，一年四季陽光明媚，日照時間是倫敦的兩倍，怪不得深受大霧之苦的倫敦人來了就不願意走，越聚越多。1824年，在一位英國牧師的倡導

空闊的蔚藍海岸給愛情以無限的想像空間。

尼斯沒有冰雪，雨水也罕見，一年四季陽光明媚。

下，尼斯修了海邊第一條路，這條臨海小路越修越寬，最後竟然成了尼斯的招牌，被命名為「英國人便道」，尼斯的繁華，尼斯的風流，尼斯的詩情畫意，皆匯聚於此。一邊是一望無際的大海，一邊是豪華的賓館酒家，雙行道中是花壇和高大的棕櫚樹，走在上面，有清風拂面，有海景養眼，令人心曠神怡。

在大路上走得再陶醉，也不如下到沙灘上曬太陽。來自世界各地的年輕女郎們躺在沙灘上，上面是草帽遮臉，下面是三角褲，身體的其餘部位全都與陽光零距離接觸。儘管尼斯的沙子好像不怎麼細，但是能在這樣的地方享受自然的呼吸，任誰都不會放棄。

除了陽光沙灘，尼斯還是一個充滿歡樂的地方，這裡是世界四大狂歡城市之一，每年的狂歡活動一個接著一個，花車游行、燈火化裝遊行、燃放煙火，尼斯人在一個接一個的狂歡高潮中享受著這好地方的好日子。

黎凡特島

裸◆居◆天◆堂

魏晉時期，『竹林七賢』之一劉伶『以天地為棟宇，屋室為衣』，不喜歡穿衣服，灑脫又逍遙。如今，一部分親近自然的法國人擺脫了文明的羈絆，與大自然和諧一體，其樂融融。

HELIOPOLIS

地理位置

法國

名片

全球最大的裸居天堂

在法國普羅斯旺地區，有一座小島叫黎凡特。6世紀時，這裡是海盜們的天堂；19世紀這裡成為了法國少年犯的關押地；進入20世紀30年代，兩位信奉古希臘隱居哲學的醫家兄弟加斯頓和杜爾維勒將這裡作為療養地推薦給病人。

隱居哲學認為親近土、水、空氣和日光是保持生命活力的重要因素，兩兄弟據此提出了「空氣日光療法」，具體做法就是提倡大家不分男女老少，一律「赤誠相見」。一時間，這一理論讓眾多被各種規矩箍得喘不過氣來的人們看到了希望，紛紛來此度假療養，脫掉衣服的同時也將眾多束縛一併脫掉。人越來越多，待的時間也越來越長，享受到了赤裸的好處，就再也不願穿上社會這層沉重的衣服，於是索性住了下來，從而有了這個裸體村。

這裡提倡步行和騎自行車，不准開車；這裡晚上戶外不許開燈，以保證大家都能望天數星星；這裡唯一穿著衣服的人是警察，提示人們什麼地方一定要穿衣服，什麼地方一定不要穿衣服；這裡的人不喜歡被別人隨意拍照；如果你中意這裡的生活，還可以申請這裡的居留證。

要去黎凡特島，就得從對岸的勒拉芳杜坐船。這是勒拉芳杜的薰衣草。

加那利群島

幸◆福◆七◆胞◆胎

『遠方有多遠？請你告訴我。』一個女子唱著另一個女子的鄉愁，或許這裡就是三毛所謂的遠方了。那裡有最藍的海洋、最白的房子、最燦爛的陽光，所有美好的事情只能在那裡發生。

CANARY ISLANDS

地理位置

西班牙

名片

幸福島

7座形態各異的島嶼簇在一起，構成了被人們稱為「幸福島」的這片加納利群島。

在《哭泣的駱駝》一書中，有一篇《逍遙七島游》，在這篇文章中，三毛用幸福的筆調講述了她和荷西的七島之遊，而這七座島嶼，便是加那利群島。加那利群島坐落在非洲西岸的大西洋上，與撒哈拉沙漠隔海而望。從古而來的傳說和神話講述著這組群島的過去。在希臘神話中，赫拉克勒斯為了找到傳說中的金蘋果，曾經走到了世界的盡頭，而加那利群島，就是這些金蘋果的化身。還有傳說稱，加那利群島本是亞特蘭蒂斯大陸上的七座高山，當這片神秘的土地消失於茫茫大洋之中時，七座高山依然能夠露出水面，向人們講述縹緲的傳奇。

組成加那利群島的七座島嶼如同七胞胎一樣在一片大洋中相依為命，但是，這七座島嶼也各有各的情態，各有各的性格。丹納麗芙島名字中便透著美麗與高貴，島上的特德火山高聳入雲，藍天映襯著它峰頂的白雪，山中的女神莊嚴地俯視著群島上的居民在一年一度的嘉年華會上恣意狂歡。大加那利島上常年陽光普照，四季如春，遊人如同候鳥一樣來到這裡追尋陽光。蘭薩洛特島上，300多座火山口宛若寂靜月球表面的環形山一樣散布，隱藏著無盡的荒涼與孤獨。弗埃特文圖拉島彷彿被上蒼抽離了所有的水汽，乾燥得可以和撒哈拉沙漠一爭高下。拉帕爾馬島高山常青，水源不斷，漫山遍野的杏花覆蓋著大地，公然昭示著這裡是群島中最綠、最美、最肥沃的。而拉戈梅拉島上卻處處隱藏著神秘，島民甚至發明了一種獨特的口哨語言。耶羅島小巧別緻，幾千個居民在島上過著安靜的生活。七座形態各異的島嶼簇在一起，構成了被人們稱為「幸福島」的這片加那利群島。

島上錯落點綴著許多安靜的小鎮，它們依山傍海，清靜而整潔，居民樸實而好客。三毛就是在這樣的一個小鎮中，與荷西度過了她生命中最快樂的6年時光。而今天的加那利，依然向來自世界各地的遊子敞開溫暖的懷抱，為他們拂去心上的封塵，身上的風霜，帶給他們想要尋找的安寧與幸福。

加那利群島屬亞熱帶氣候，晝夜溫差、一年的溫差是世界上最小的，氣候宜人，四季如春，白天夜晚都處於溫馨之中。

棕櫚泉

沙◆漠◆邊◆的◆綠◆洲

棕櫚泉向有『美國第一流沙漠遊覽勝地』之稱，晶瑩的礦泉、搖擺的棕櫚、來去自如的空中纜車，是造就棕櫚泉名滿天下的三大原因。當你驅車來此，仰望萬里外碧藍蒼穹及天邊幻化雲霞，配上滿目油綠綠的棕櫚，彷彿置身天上人間一般。

棕櫚象徵著永恆的承諾與守候，它們挺拔蔥翠，為心中的真愛撐起一片天空。泉水是水的精靈，晶瑩剔透，從地底湧出，喚醒沉睡的生命。當棕櫚和泉組合在一起，帶給人的是無盡美麗的想像。棕櫚婆娑，泉水潺潺，隨便想想，就是一幅動人的圖景。

背後是沙漠，眼前卻是清澈的池水，是棕櫚養育了這方泉水。

棕櫚泉依偎在海拔3000多米高的聖哈辛托山東麓，毗鄰著科羅拉多沙漠。高山上積雪的融水為這裡帶來了生命，一片一片的棕櫚樹拔地而起，它們經歷了千年的風霜與乾旱，今天依然生機勃勃，聳立不屈。棕櫚林間，泉水匯成的小溪淙淙淌過，水滴叮咚，迴盪著生命的樂章。而不遠處的科羅拉多沙漠卻寸草不生，只有潔白巨大的風力發電用的風車，在沙漠的風無休無止的吹拂下緩緩轉動，如同安靜的巨人般，孤獨而悵惘地等待著唐吉訶德的挑戰。在高聳入雲、偉岸雄偉的高山的庇佑下，在飛沙走石、寸草不生的大

看到這方藍天綠草，誰能想像它後方就是寸草不生的沙漠呢？

漠的映襯下，棕櫚泉這一灣綠洲如同上蒼造就的奇蹟一般，讓人感動而震撼。

棕櫚泉市坐落在這片綠洲當中。這裡是許多名人的度假天堂，美國總統、英國女王、好萊塢明星都來這裡實現他們的美夢。這裡冷戰時期曾經是美蘇高層會晤的地方，這裡的陽光為冷戰的兩國都帶來了些許溫暖。這裡是世界著名的高爾夫樂園，80多個高爾夫球場散布市區周圍，行人可能隨時遭遇到來歷不明的球。但是除去這些浮華的表象，這裡更是一個美好而悠閒的養老樂園。走在市區，隨處可見悠然自得的老人帶著寵物，漫步在棕櫚樹和椰子樹蔭的路上，走得累了，便停下腳步，在路邊的長椅上休息一陣，享受午後溫暖的陽光。

棕櫚泉這裡，有人們關於天堂的理想：只要來到這片沙漠邊的綠洲，享受一下和煦的陽光和暖風，你就可以感到天國近了。

PALM SPRINGS

地理位置

美國

名片

礦泉

阿卡普爾科

夢◆中◆的◆天◆之◆涯

這裡有平靜的海灣、細軟的沙灘、明媚的陽光，椰林搖曳，海風習習，氣候宜人；更有令人心跳的懸崖跳水，讓你釋放活力，放飛激情。

ACAPULCO

地理位置

墨西哥

名片

懸崖跳水

沙灘

有一道名為「阿卡普爾科」的雞尾酒，由清淡的蘭姆酒、君度酒、檸檬汁和白糖漿搖合而成，伴著墨西哥特有的Ceviche（一種酸橘汁醃魚）下口，爽朗、舒暢的酒香，新鮮的海鮮、番茄、綠辣椒、香菜，各種味道混合纏綿，讓人生出種種的滿足感。而這種滿足感，同樣可以在名為阿卡普爾科的海灘上找到。

阿卡普爾科，位於墨西哥南部，金黃色的沙灘沿著半圓形的阿卡普爾科海灣鋪展開來，小城傍著金黃的沙灘和碧藍的海水，背後是翠綠的群山。這個依山傍水的城市，曾經是海上絲綢之路的終點，勇敢的水手駕駛著「中國之船」，載著絲綢、茶葉與精美的瓷器，從遙遠的東方一點點航行至此，開拓了這條東西方之間的貿易之路，阿卡普爾科也因此從一個小漁村成為繁華的城市，成為許多人夢中的天涯盡頭。

夜間，拉凱布拉達懸崖上會有不少跳水者，從他們身上依稀可見昔日拓荒者的神勇。擎著火炬的小伙子縱身躍下懸崖，如同一顆星燃燒著從天際墜落，墜入浪花之中。黑暗中的火炬，展現著青春的驕傲與勇敢。正是這燦然的一刻，讓我們明白，這裡依然是人們夢中的天涯盡頭。

好客的海灘熱情地向遊客展示它的芳容。

鹽泉島

藝◆術◆之◆島

這裡不管夏天冬天，總是步調緩慢而悠閒，沒錯，鹽泉島正是以遠離塵世這一特色而吸引了許多不問世事的人前去離群索居。

鹽是鹹澀的，而在那個叫做鹽泉的小島上，人們的生活卻沒有絲毫鹹澀的味道，而是悠然自得與隨遇而安。

鹽泉島上風光搖曳多姿，高山、流水、藍天、碧海，都可以在島上一覽無遺。而同時，鹽泉島是加拿大全年氣候最溫暖的地方之一，也許是這宜人的景色與溫暖的氣息，吸引了眾多的加拿大人來此隱居，享受安寧的生活。而尋找平靜的藝術家，更是紛紛躲到這座安靜的小鎮，在滿目的恬靜與質樸中尋找創作的靈感。如果將這座島嶼比做茫茫世俗汪洋中的一葉藝術的方舟一點都不為過，小小的島嶼，1萬人口的常住居民，卻住著數百位藝術家，分布著幾十家藝術作坊。每到週末的集市時，島上的藝術家便展出五花八門的手工作品，樸素而別緻地散落整條街市。但他們所求的並不是在集市上賣出多少作品，而是尋找一個向世人展示的機會，如同鹽泉島本身一樣，安安靜靜流瀉自己的美麗。

SALT SPRING ISLAND

地理位置
加拿大

名片
藝術 隱居

巴巴多斯 *Barbados*

長◆鬍◆子◆的◆小◆島

1518年，野心勃勃的西班牙航海家們在大西洋和加勒比海上四處遊蕩，試圖尋找新的殖民地。一天，在茫茫無際的深藍之中，他們又發現了一座小島。淺海的碧藍色和象牙色海灘勾出了這個小島柔美的輪廓，島上高大的熱帶植物覆蓋了大部分土地，海洋性氣候使得這裡陽光充沛卻氣候宜人。

登島的西班牙人驚訝地發現，在大西洋海浪日夜不停地沖刷下，岸邊高大的石柱竟然被塑造成了上大下小的蘑菇狀，更神奇的是，這裡樹木的枝幹上都掛著縷縷青苔，遠遠看去，像是長了綠色的大鬍子。不知道是誰說了句「巴巴多斯」，就這樣，這個小島又開玩笑似的有了「名字」。

不過這一次，殖民帝國的西班牙人並沒有殖民，而是「移民」，把島上的居民全都運去了他們的種植園。此後100年間，葡萄牙人來了，英國人來了，島上那些長著綠鬍子的樹被大片的甘蔗林代替了；又過了幾百年，那些當年種植園裡黑奴的後代和當年殖民者的後代成了這裡的公民，依然在甘蔗園裡辛苦地工作著。從早上4點到晚上6點，巴巴多斯的太陽仍然每日照常升起，照耀著島上的鬍鬚。

瓜德羅普島

風◆情◆加◆勒◆比

瓜德羅普島距法國本土約7000千米，這片法國的海外領土讓人對法國生起無限的遐思；瓜德羅普是一片令人神往之地，是適於夢幻的旅行目的地，在那裡，沙灘、陽光與椰子樹是那麼和諧地融合在一起。

瓜德羅普島並非一個島嶼，叫做群島更加合適，它由主島瓜德羅普與5個附屬島嶼組成。而主島瓜德羅普實際上也不是一個島嶼，薩萊海峽將它切割成大特爾與巴斯特爾兩個部分。這樣撲朔迷離的計算，讓不瞭解的人對這個加勒比海中的小群島更生嚮往。

瓜德羅普，本由火山噴發而成，島上地勢崎嶇。火山依然密布整個島嶼，冥冥中暗示著這裡是它們的傑作，自然鬼斧神工的力量，才賜予我們瓜德羅普這美麗的形狀。火山屬於千萬年前的煙火，如今的瓜德羅普島擁有17000公頃的熱帶森林，是一片綠色的天堂，在加勒比海特有的白沙灘的映襯下，更顯得鬱鬱蔥蔥。蒼翠的小山環抱著秀美的小城，一片片房屋整齊得如階梯一樣分佈，一股股溫暖的風從加勒比海上吹來，吹拂著這片小島。

曾經，這裡是殖民國家爭奪的勢力範圍。英國、法國紛紛涉足，土著人、黑奴、白人矛盾重重，但是今天島上90%的人口都是混血，這片小島度盡劫難，只剩下融合與幸福。

GUADELOUPE ISLAND

地理位置

加勒比海（屬法國）

名片

加勒比海
熱帶森林

阿爾加羅沃湖

超◆級◆人◆工◆湖

這個游泳池裡充滿了25萬立方米的鹽水，相當於6000個標準後院游泳池。建造這個游泳池耗資15億美元，每年的保養費大約4億美元。

人們總是習慣將夢想中的世外桃源想像得太過美好，以至找遍世間的角落都無法尋覓到，只能夠自己去親手建造一個。阿爾加羅沃湖便是這樣一個產物。

阿爾加羅沃湖位於智利首都聖地亞哥西側約90千米的地方，是一個巨大無比的人工湖，佔地約8.1萬平方米。湖水來自太平洋的海水，清澈蔚藍，如同寶石一樣閃耀。水流自然流通，但卻又能始終保持在26℃的最佳溫度。因為這個特定的溫度，與其說這裡是湖，還不如說這裡是個游泳池。

而阿爾加羅沃湖的一切——引水、淨化、恆溫——都是先進科技的產物。在我們傳統的思維中，科技與天堂似乎總是格格不入。天堂中本不應該有人工的影子，一切都是自然的。但是阿爾加羅沃湖卻做到了科技與天堂的完美結合，科技早就融入了天堂，卻對自然絲毫沒有破壞。也許我們未來發展的科技，都應該參照阿爾加羅沃湖的模本。

ALGARROBO LAKE

地理位置

智利

名片

世界第一大人工湖

大堡礁

地◆球◆最◆美◆的◆裝◆飾◆品

這裡是世界七大自然景觀之一，也是澳大利亞人最引以為自豪的天然景觀，又被譽為『透明清澈的海中野生王國』。

千百年來，人類用手中的鋤頭、火炮、挖掘機隨心所欲地在陸地上馳騁，大地的容顏早已模糊難辨，只有在無聲的海底世界，自然的面貌才得以保全。

澳大利亞昆士蘭州東海岸的大堡礁，是世界上最大最美的珊瑚礁群，由近3000座珊瑚礁群組成。坐直升飛機俯瞰，綿延2000千米的海岸線，如同一條鑲滿了綠松石、藍寶石的項鍊，在幽藍的海面上浮浮沉沉，海面之下則是一座神奇的海底宮殿。

既是自然的港灣，也是心靈的港灣，更是享樂的港灣。

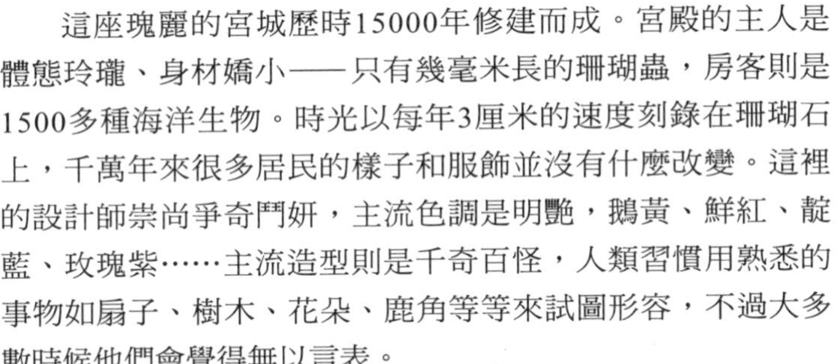

這座瑰麗的宮城歷時15000年修建而成。宮殿的主人是體態玲瓏、身材嬌小——只有幾毫米長的珊瑚蟲，房客則是1500多種海洋生物。時光以每年3厘米的速度刻錄在珊瑚石上，千萬年來很多居民的樣子和服飾並沒有什麼改變。這裡的設計師崇尚爭奇鬥妍，主流色調是明艷，鵝黃、鮮紅、靛藍、玫瑰紫……主流造型則是千奇百怪，人類習慣用熟悉的事物如扇子、樹木、花朵、鹿角等等來試圖形容，不過大多數時候他們會覺得無以言表。

在這裡，你碰到熟人的機會不多，運氣好的話你能看到好萊塢明星尼莫和它的海龜朋友一起在陽光下散步。對於陸地居民的來訪，主人和房客都表現得很淡定，繼續它們的日常工作——在澄澈的海水中游來游去。經過它們身邊時，你可以和它們中的一些擁抱，不過最好不要期待它們會有什麼熱烈的回應。

GREAT BARRIER REEF

地理位置

澳大利亞

名片

全球最大最美的珊瑚礁

羅托魯瓦

天◆堂◆之◆門

獨特的火山地貌、生機勃勃的毛利文化、豐富的天然溫泉資源和眾多探險活動，使羅托魯瓦成為新西蘭最為著名的旅遊勝地之一。

ROTORUA

地理位置
新西蘭

名片
溫泉泥漿浴

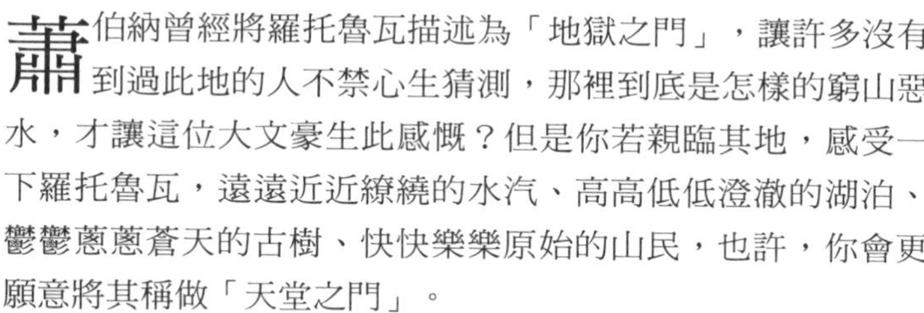

蕭伯納曾經將羅托魯瓦描述為「地獄之門」，讓許多沒有到過此地的人不禁心生猜測，那裡到底是怎樣的窮山惡水，才讓這位大文豪生此感慨？但是你若親臨其地，感受一下羅托魯瓦，遠遠近近繚繞的水汽、高高低低澄澈的湖泊、鬱鬱蔥蔥蒼天的古樹、快快樂樂原始的山民，也許，你會更願意將其稱做「天堂之門」。

初到羅托魯瓦的人，可能真的會產生一些厭惡之心。因為羅托魯瓦的空氣中到處瀰漫著一股臭雞蛋的味道，在新西蘭別處吹慣了清新海風的人，可能會以為羅托魯瓦是一個藏汙納垢之地，才會有如此氣息。但實際上，這是火山活動散發出來的硫化氫的味道，聞上一兩天就會習慣，甚至會愛上這股味道。因為這味道中，蘊含著地球生命的氣息。

火山是羅托魯瓦的地基，羅托魯瓦坐落在火山多發區。羅托魯瓦發祥於18世紀，當時人們從世界各地趕來，欣賞一種粉紅與白色相間的熔岩台地，這種台地就是由於火山噴發而成的。雖然後來又一次火山噴發掩蓋了這片台地，但是重新生成的地貌同樣讓人著迷，有些甚至五彩繽紛，如萬花筒般絢爛。有許多火山的火山口已經積累了上天賜予的雨露，化成了湖泊，波瀾不驚，昔日的脈動洶湧難見蹤跡。但是羅托魯瓦始終難以脫離火山的影響。大地常常發出隆隆響聲，噴出股股蒸汽，彷彿充滿了威脅，但實際上很少構

⚜怎麼也無法想像，這片春光爛漫的地方曾經被認為是「地獄之門」。

成真正的威脅，而對於久經城市生活的人來說，以此感受一下大地的脈搏，傾聽一下地心的呼吸，也未嘗不是一件樂事。

當然，真正的火山爆發並非什麼樂事。1886年6月10日火山的爆發奪去了150條生命，將3個毛利村落化為廢墟。但是毛利人並未因此而放棄這片土地，相反，今天的羅托魯瓦是新西蘭毛利人的文化中心。這裡的毛利文化村依然保留著最原始的毛利人生活場景。毛利人勤勞、善良、禮貌，傳承千年的文化並未因為英國人登陸新西蘭或者世界各地的遊客的到來而發生絲毫的改變，他們繼續在這天堂的門口無憂無慮地生活著。

普吉島

泰◆南◆珍◆珠

寬闊美麗的海灘、潔白無瑕的沙粒、碧綠翡翠的海水，作為印度洋安達曼海上的一顆『明珠』，普吉島無可挑剔。

PHUKET ISLAND

地理位置

泰國

名片

桃花島

攀牙灣

此島一入，諸事無憂，這是一片令人樂不思蜀的溫柔之鄉。

人稱普吉島為「泰南珍珠」，這顆珍珠最初的光澤是由於豐富的錫礦。但今天，它吸引人的，是美麗的自然風光。

普吉市內，歐式風格的建築隨處可見，在這片印度洋海域中散發著異域的風情，讓人感覺彷彿恍惚中已經時空交錯，思古之幽情油然而發。普吉的美，在如詩如畫的海灘、奇形異狀的石灰礁岩、叢林遍布的山丘，以及周邊大大小小的島嶼中盡情展現。

普吉島有很多小島組成，諸多小島都是天藍雲白，水清沙軟，但是卻又風情萬種，各有各的風格。桃花島雖與黃藥師沒有關係，但是比起金庸故事中的桃花島並不遜色，此島一入，諸事無憂，這是一片令人樂不思蜀的溫柔之鄉。而相比桃花島，攀牙灣則更透出幾分江湖氣，灣內的小島更加讓人頓生好奇；詹姆士（James Bond）島讓人與007同行；鐵釘島怪石嶙峋，盡展自然造物的神工。要一一歷數這些島嶼，本是一件傻事。人們要做的，其實不過是投入那風光旖旎的島嶼，投入那自然的畫卷之中。

這塊傲然獨立的巨石是攀牙灣的標誌。

披披島

安◆達◆曼◆海◆的◆夢◆幻◆之◆島

披披島以美麗的熱帶海島自然風光而聞名遐邇，除被稱為『夢幻之島』外，它還銜有『世界十大最美麗的島嶼之一』、『熱帶天堂』等美譽，每年都吸引著大批外國遊客前來一睹它的芳容。

有人說：「不去普吉不算到過泰國，不去披披島不算到過普吉。」這樣的論斷是否得宜姑且不論，但是披披島的美麗程度，卻可以從這話中看出來。

披披島坐落在普吉島東南方向50千米處，由南北兩個島嶼組成。北島的東部海岸平坦，沿岸的珊瑚礁在海浪長年累月地衝擊打磨下化成均勻細緻的沙礫，堆積成柔軟潔白的海灘。但是披披島上絕大部分是喀斯特地貌造就的曲水峻嶺。島上，山雖不高，但卻挺拔峭立，巋然面對著大海的波濤。山崖上發育著許多喀斯特溶洞，洞中鐘乳石千姿百態，形狀各異，展示著造物的神奇；巖壁上史前人類的壁畫，訴說著人類精神的勇敢。如今，生活在洞中的早已不是人類，而是成群的雨燕，自由地徜徉其中，在峭壁上築起剔透的燕窩，等待著勇敢的人來採擷。藍天碧海，白灘綠樹，灰岩血燕，披披島上交織出來的色綵帶著夢幻的氣息，使它成為當之無愧的安達曼海的夢幻之島。

PHI PHI ISLANDS

地理位置
泰國

名片
日光浴
潛泳

邦喀島

帶◆著◆鄉◆音◆去◆漂◆流

邦喀島是馬來西亞最早的海灘勝地，金黃色的沙灘、清澈的海水和涼爽的海風至今依然聞名遐邇。儘管馬來西亞不停開發許多島嶼，邦喀島依舊憑著它那份獨特的樸素清雅，吸引著眾多遊客的眼球。

PANGKOR ISLAND

地理位置
馬來西亞

名片
漁村 沙灘

邦喀島地處馬來西亞霹靂州西海岸，歷史上曾因其優越的海灣地形為來往於馬六甲海峽的商旅提供庇護。

這個孤懸海外的小島上聚居著來自各個地方的漁民，最初大家只是劃著自家的漁船隨著魚群和季風漂流到這裡，覺得這裡還能過活，就在靠岸的水中建起一座浮在水面上的小樓，算是在這裡安了家。漸漸地人多了起來，有馬來人，有中國人，還有印度人。浮樓漸漸地連成了一片，村子也漸漸有了規模。於是修起了道路，蓋起了寺廟，這寺廟卻還是中國南方的樣式，從福建來的漁民們仍然操著閩南的鄉音。

時光流轉，這個小小的海島也和外面的世界一樣搞起了旅遊業，著名景點中有「迷你長城」和當年荷蘭人留下的炮台。18世紀的時候，荷蘭人在此設立據點，修建炮台以抵禦海盜和當地馬來族的攻擊，不過最後還是讓馬來人民給趕走了。

邦喀島上的五星級賓館裡，人們盡情享受富有東方特色的沐浴。

島上雖然有旅遊，但是80% 的人口仍然靠捕魚維持生計，島民的淳樸熱情也沒有多大的改變。小島面積不大——只有36平方千米，人口不多，相互之間的關係親如家人，無論身在島上的任何角落，都會彼此相識，這也是由打漁生活的危險性與合作性決定的，惡劣的生活總能讓人們團結。

小島看似普通，但綿長細膩的沙灘，清澈見底的海水，絕對新鮮，現打現吃，品種豐富物美價廉的海鮮，都蘊含著無窮的意味。來對了時候，還能見到成千上萬隻海龜在朦朧的月光下朝聖般湧到沙灘上產卵，想來應該是人生中難得的體驗。

艷陽當空，卻並不強烈，和風徐徐，心曠神怡。

聖淘沙

寄◆情◆陽◆光◆海◆岸

聖淘沙的意思是平靜而安詳，是新加坡最為迷人的度假小島，一踏上這座島嶼，你便能立刻找到屬於自己的一片天空。

有一個小島位於亞洲的最南端，曾經荒蕪一片，馬來語中它的名字叫做Pulav Blakang Mati，意思是「死亡之門」，英國占領期間，這裡曾經是駐軍基地，也許只有勇敢的軍人才敢於面對這裡的蕭索。

新加坡政府接管此島後，決定將這裡開發成一處度假勝地。於是這裡改名叫做聖淘沙，這裡充滿了馬來語Sentosa所包含的蘊意——和平與安寧。

數萬立方米金黃色的優質海沙被買來鋪成了這裡細膩的沙灘，蔥綠的熱帶雨林和大葉籐類植物覆蓋了島上的大部分土地，漫步在椰樹林裡時不時還能邂逅枝頭飛下的藍孔雀，向美麗的姑娘展開翡翠色的屏……英雄不問出處，美景亦不必去追究其是人工還是天然，享受此時就好。

夜幕降臨，沙灘上的音樂噴泉驅散了日間殘餘的熱，燈光在水幕上變幻著景色，用光與水的語言講述著世間悲歡喜樂的故事。匆匆起身去趕回新加坡的末班車，心裡卻還回得過神來？

SENTOSA

地理位置
新加坡

名片
陽光 沙灘

塞班島

「潛」力無窮的魅力

各種魅力十足的色彩點綴在塞班島的每一個角落。隨意的顏色搭配，創造出驚人的美麗。

站在塞班島的最高點「塔波喬」山頂俯視，一面是毗鄰菲律賓海的西部海岸線，海灘平緩地沒入溫柔平靜的海面；另一面則是迎著太平洋的海崖，崖體險峻陡峭，海岸蒼涼曠遠。海底大片的珊瑚礁高低深淺各不同，海水在陽光的折射下呈現出藍綠之間的各色變幻，而最深的那道直通天際的墨藍，則是裝得下整座喜馬拉雅山的馬里亞納海溝……

塞班是個色彩奔放的小島，上帝在這裡肆意揮灑著手中絢麗的色彩，蔚藍如洗的天空、晶瑩碧透的海水、金色的陽光、銀白色的沙灘、蔥鬱的椰林和灌木、水下生長著的五彩繽紛的珊瑚礁……陽光下的塞班，就好像一塊色彩豐富的調色板，斑斕炫目，又彷彿太平洋上一個神話般的海上樂園。

塞班島被譽為世界頂級潛水勝地。島上有20多個潛水點，海水的透視度達30米。披掛上潛水裝備，一頭栽入海中，你會驚奇地發現自己彷彿進入了一個奇異的世界：熱帶魚在身邊游來游去，信手就可以摸到活生生的海星、海參以及許多叫不上名字的海洋生物。當然，你也可選擇乘坐潛水艇，借助現代文明的技術潛入海底。

每天晨起或落日之時，柔逸的陽光撫慰著遼闊安靜的海洋，如花般的美景遍布四周。赤足踩在銀色的沙灘上，從岸邊眺望深藍色的海面，享受這海天美景，或平躺著享受溫柔的日光浴，任大海在耳邊溫柔地呢喃，都讓人樂而忘返。

富於變化的地形、超高透明度的海水以及珍貴、繽紛的魚類，使塞班海域具有「潛」力無窮的魅力，是潛水族們的必遊之地。

太陽城

失◆落◆的◆城◆市

失落之城並不失落，相反，這裡能最大程度滿足你對奢侈的想望，讓你的慾望得到徹底釋放。

SUN CITY

地理位置
南非

名片
域外的奢侈

太陽城並非傳統意義上的城市，而是一座24小時開放的大型主題娛樂場。城內充滿各種讓人流連忘返的高級娛樂場所，營造出如夢似幻的幻想國度。人們所能想到的高端娛樂項目，在這裡全都可以找到。

一個因傳說而生的夢想，締造出了太陽城中的失落之城。

傳說中，在南非茂密的熱帶雨林中，曾隱匿著一個古老的民族，文明高度發達，建築富麗奢靡，卻於一夕之間毀於火山噴發造成的地震與熔岩之中。

南方億萬富翁梭爾・科斯納衛這個傳說所召喚，決定斥資重現這座失落之城昔日的榮耀。就這樣，在非洲的原始叢林中的死火山帶上，在比林斯堡磅礴群山的環繞下，一片原本了無人煙的土地上，一座充滿神奇與夢幻色彩的迷城拔地而起了。

這裡有最豪華的賭城、六星級的酒店、最頂級的高爾夫球場，甚至還有世界小姐選美大賽，極盡豪奢的設計似乎能釋放人類一切享樂慾望。同時，這一切皆處於山光水色之間，處於壯麗的非洲原始叢林的環繞下。從不遠處比林斯堡國家公園裡，獸群的吼叫聲穿越雨林，野性十足。據說，在失落之城的高爾夫鄉村俱樂部球場的人工湖中，竟然養著30多條兩米長的鱷魚，估計只有中世紀的騎士才敢到這樣的湖中撿球。

失落之城，人力與自然力渾然一體的傑作，讓人無從分辨，如入夢幻之境。

桑吉巴島

世◆界◆上◆最◆香◆的◆島

桑吉巴是個常青之島，一年四季樹木鬱鬱蔥蔥，放眼望去，蒼翠的丁香樹上結滿了金黃的蓓蕾，人們攀上樹枝，摘下串串丁香花蕾，曬到房前屋後的空地上，空氣中瀰漫著丁香的芬芳，令人陶醉。

在印度洋西部，奇異的綠松石色的海水環繞下，有一座有著銀白色細沙灘的小島，島上除了高大的椰子樹外還有百萬棵丁香樹，每到丁香盛開的季節，漫山遍野的丁香使這座小島成為花的海洋，一陣海風吹過，清幽的香氣撲面而來，這就是世界上最香的島——坦桑尼亞的桑吉巴，丁香之島。

丁香是坦桑尼亞國花，這裡的丁香，色澤好，顆粒均勻，氣味醇郁芬芳，享譽世界。丁香也是當地人廚房裡的重要香料，你在桑吉巴的每餐飯菜都可以享用到百分百的純天然香料。

桑吉巴島的石頭城由珊瑚礁砌起，這裡曾經是阿曼蘇丹的宮廷，阿拉伯古堡在蔚藍深海的烘托中更顯巍峨。城內居民逾九成信仰伊斯蘭教，女人們身披長及腳踝的黑袍，蒙著薄薄的黑色面紗，在彎彎曲曲的古老街道中行走，身邊是她們身繫彩裙的男人。各家各戶的古老木門上雕刻著各種精美而繁複的圖案，黃銅長釘之間鐫寫著《古蘭經》經文，濃郁的穆斯林風情讓人恍若置身於《一千零一夜》中的神秘古國。

ZANZIBAR ISLAND

地理位置

坦桑尼亞

名片

丁香世界

塞席爾群島

理◆想◆逃◆亡◆地

『要多純淨有多純淨！』——這是塞席爾的廣告詞。許多廣告詞都有虛假的成分，但這句卻沒有。同樣是藍天白雲、碧海椰風，在塞席爾，一切都發揮到了極致，令人從心理到生理都會贊同這句話。

SEYCHELLES ISLANDS

地理位置

非洲

名片

最純淨的海水
海椰子

還記得十多年前曾轟動一時的電影《侏羅紀公園》嗎？在一座叫努布拉的孤懸海外的小島上，科學家們復活了體型龐大的史前生物——恐龍，由於一場意外的事故，這裡成為了恐龍的樂園、人類的死地。影片的情節可能並不出奇，但那些來自侏羅紀的昔日霸主和那座神奇而原始的島嶼共同構成了震撼人心的視覺效果，讓史蒂芬・史匹柏捧回了多項奧斯卡大獎。

這座小島就是塞席爾，島上的植物皆以恐龍的尺度為坐標繁衍，在絲毫不受束縛的自然力的作用下近乎放肆地生長著。看著哈密瓜大小的松塔，一尺多寬的無憂草的葉子，文明世界的坐標被瞬時顛覆，人們只有建設出新的尺度體系，才不會產生自己被縮小了的驚疑。除了原始雨林，這裡自然還有異常清澈的海水、隨著日光流轉被鍍成各種顏色的沙灘、巨大的椰子樹、漫山遍野的梔子花鳳凰木，以及海岸上矗立著的侵蝕花崗石柱，千百年的風沙將巨大的石柱敲打成各種形狀，在熱帶的強烈陽光下，光怪陸離，如同後現代雕塑家的午後夢魘。

這裡是創世之初的伊甸園，在原始的自然力下，人類似乎只是上帝隨意布下的玩具，顯得如此纖弱而精巧。塞席爾的海椰子則是伊甸園裡的禁果。這種神奇的樹木總是雌雄並排而立，雌樹結出的果實如同女性的骨盆——當然也是超大碼的，而1米多長的雄樹果實則如同男性的生殖器，傳說每到月圓之夜，雄樹就會移到雌樹身畔與之幽會。或許正是這種奔放而恣意的愛與生的力量召喚著夏娃，讓她吞下了禁果，從此永墜凡塵，歷經苦楚。

亞當和夏娃由於偷吃了禁果而被驅逐出了伊甸園，不過沒關係，空置的伊甸園已經找到了新的主人，這主人與其說是億萬富豪和大牌明星，不如說是他們兜裡的美元。這裡有富比士「世界最貴酒店」排行榜的第二名和第三名，這裡別墅區的日租價是3217美元。塞席爾和所有的人間天堂、世外桃源一樣，用金錢做門檻來保持它「未受汙染的原始自然景色」，在這裡，他們找到逃亡之地，用金錢換回安寧與清新。

「要多純淨有多純淨！」這句廣告詞一點不誇張。

塞席爾群島最豪華的沐浴，它的價值與其說是舒適，不如說是排場。

全球最美的100世外桃源

作　　者　《環球國家地理》編輯委員會
發 行 人　林敬彬
主　　編　楊安瑜
編　　輯　陳佩君
美術編排　詹雅卉
封面設計　詹雅卉

出　　版　大旗出版　行政院新聞局北市業字第1688號
發　　行　大都會文化事業有限公司
11051台北市信義區基隆路一段432號4樓之9
讀者服務專線：(02) 27235216
讀者服務傳真：(02) 27235220
電子郵件信箱：metro@ms21.hinet.net
網　　　址：www.metrobook.com.tw

郵政劃撥　14050529 大都會文化事業有限公司
出版日期　2011年06月初版一刷
定　　價　280元

I S B N　978-986-6234-27-9
書　　號　Image-18

Metropolitan Culture Enterprise Co., Ltd
4F-9, Double Hero Bldg.,432,Keelung Rd.,Sec.1,
Taipei 11051,Taiwan
Tel:+886-2-2723-5216 Fax:+886-2-2723-5220
Web-site:www.metrobook.com.tw
E-mail:metro@ms21.hinet.net

國家圖書館出版品預行編目資料

全球最美的100世外桃源 / 《環球國家地理》編輯委員會著. -- 初版. -- 臺北市 : 大旗出版 : 大都會文化發行, 2011.06
面 ; 公分
ISBN 978-986-6234-27-9(平裝)

1. 世界地理

716　　100009020